NUR AUF DIE TULPEN SOLL ES REGNEN

Nur auf die Tulpen soll es regnen

DIE SCHÖNSTEN GEDICHTE UND GESCHICHTEN ÜBER DAS GÄRTNERN

Jan Thorbecke Verlag

VERLAGSGRUPPE PATMOS

PATMOS
ESCHBACH
GRÜNEWALD
THORBECKE
SCHWABEN

Die Verlagsgruppe
mit Sinn für das Leben

Für die Schwabenverlag AG ist
Nachhaltigkeit ein wichtiger Maßstab
ihres Handelns. Wir achten daher auf
den Einsatz umweltschonender Res-
sourcen und Materialien. Dieses Buch
wurde auf FSC®-zertifiziertem Papier
gedruckt. FSC (Forest Stewardship
Council®) ist eine nicht staatliche,
gemeinnützige Organisation, die
sich für eine ökologische und sozial
verantwortliche Nutzung der Wälder
unserer Erde einsetzt.

Gestaltung: Finken & Bumiller,
Stuttgart, Saskia Bannasch
Druck: Himmer AG, Augsburg
Hergestellt in Deutschland
ISBN 978-3-7995-0444-7

Inhalt

RUDOLF OTTO WIEMER
Für das Unkraut 10

THEODOR DÄUBLER
Der Garten 11

JULIA KOSPACH
Das Gartenspiel 12

MARIE LUISE KASCHNITZ
Die Winde 15

GOTTFRIED KELLER AN LUDMILLA ASSING, 15. MAI 1859
Gartenbrief 16

GEORG BRITTING
Bauerngarten 17

BERTOLT BRECHT
Vom Sprengen des Gartens 18

ELIZABETH VON ARNIM
Aus dem Tagebuch 19

AUGUST HEINRICH HOFFMANN VON FALLERSLEBEN
Die Rose 21

HERMANN HESSE
Gärtner träumt 22

JOHANN WOLFGANG VON GOETHE
Gott segne mir den Mann 23

THEODOR STORM
August (Inserat) 24

PETER WÜRTH
Kampf den Feinden 24

KARL FOERSTER
Der züchterische Umgang mit der Pflanze 30

WILHELM BUSCH
Die laute Welt und ihr Ergötzen 31

JOHANN HEINRICH VOSS
Otterndorf, den 30. März 1780 33

WALAHFRID STRABO
Hortulus 34

MAX HERMANN-NEISSE
Sommerlich die Gärten tönen 35

HEINRICH CHRISTIAN BOIE
Meldorf, 14. April 1784 36

ACHIM VON ARNIM
Wenn die Hühner im Garten sind 37

JOHANN HEINRICH BROCKES
Des niedern Bux-Baums festes Laub 38

HUGO VON HOFMANNSTHAL
Gärten 39

WALTHER VON DER VOGELWEIDE
Swâ guoter hande wurzen sint (Gärtnerischer Rat) 51

JOHANN WOLFGANG VON GOETHE
Hauspark 52

RENÉ SCHICKELE
Pfingstrosen 53

THEODOR FONTANE
Ein Apothekergarten 58

JOHANN WOLFGANG VON GOETHE
Verpflanze den schönen Baum 60

GEORG TRAKL
Der Schatten 62

JUSTUS MÖSER
Das englische Gärtchen 63

WILHELM BUSCH
Die Schnecken 66

LEO TOLSTOI
Der Gärtner und seine Söhne 68

JOHANN WOLFGANG VON GOETHE
Weimar den 23. April 1829 69

SARAH KIRSCH
Erdreich 70

JUSTINUS KERNER
Vaters Garten 71

AUGUST HEINRICH HOFFMANN VON FALLERSLEBEN
Der Blumist 73

ALEXANDER VON VILLERS
17. Mai 1872 74

PETER HORST NEUMANN
Als sie nach einer Sommerreise ihren Garten wiedersah 76

STEFAN GEORGE
Wir werden heute nicht zum garten gehen 77

CHRISTA WOLF
Pusteblumenfallschirmchen 78

HUGO VON HOFMANNSTHAL
Besitz 79

ARNO HOLZ
Hinter einem alten Bretterzaun 80

JOHANN WOLFGANG VON GOETHE
Zu Thaers Jubelfest, dem 14. Mai 1824 82

BARTHOLD HEINRICH BROCKES
Frisch umgegrabenes Land im Frühling 84

AUGUST STRINDBERG
Mein Garten 87

RAINER MARIA RILKE
In der Certosa 93

HANS CHRISTIAN ANDERSEN
Der Gärtner und die Herrschaft 96

FRITZ DEPPERT
Novembergarten 106

JOHANN WOLFGANG VON GOETHE
Es ist alles vortrefflich gewachsen 107

WILHELM BUSCH
Duldsam 108

ANDRÉ LICHTENBERGER
Baumblüte 110

STEFAN GEORGE
Blumen 112

MORITZ SAPHIR
Frost ist gar ein lieber Gärtner 113

KARL FOERSTER
Vom Glück des November 114

HEINRICH HEINE
Wir wollen jetzt Frieden machen 118

JOHANN PETER HEBEL
Des Adjunkts Standrede im Gemüsgarten seiner Schwiegermutter .. 119

JOHANN WOLFGANG VON GOETHE
Der Gärtner 125

BERTOLT BRECHT
Frühling 126

JEAN-HENRI FABRE
Mein Garten 127

FRIEDRICH RÜCKERT
Beschränkung 134

JOHANN GOTTFRIED VON HERDER
Lied des Mädchens um ihren Garten 135

LUDWIG CHRISTOPH HEINRICH HÖLTY
Der Gärtner an den Garten im Winter, eine Idylle 136

KAREL ČAPEK
Sommerregen 138

JOHANN WOLFGANG VON GOETHE
An Friedrich August Wolf 141

THEODOR STORM
Im Garten 142

HERMANN HESSE
Spätsommer 143

GEORG BRITTING
Nasser Dezembergarten 144

JOHANNES ROTH
Was macht der Gärtner im Winter 145

PAUL VERLAINE
Nach drei Jahren 150

HUGO VON HOFMANNSTHAL
Mein Garten 151

JULES RENARD
Im Garten 152

JOHANN WOLFGANG VON GOETHE
Sprich, wie werd' ich die Sperlinge los 154

BERTOLT BRECHT
Der Blumengarten 155

ARNO HOLZ
Ein Laubengelände 156

JOHANN WOLFGANG VON GOETHE
Heute Nacht hat es sehr geregnet 158

ANNA LOUISA KARSCH
Vorbitte wegen eines Nußbaums an Palemon
(Zu Magdeburg den 18ten des Herbstmonats 1761) 159

RAINER MARIA RILKE
Schon, horch, hörst du der ersten Harken 162

HEINRICH HEINE
Neuer Frühling 163

BARTHOLD HEINRICH BROCKES
Abschied vom Garten 164

BILDNACHWEIS 168
TEXTNACHWEIS 168

Für das Unkraut

Laß, Gott, ein Wort mich, ein leises, einlegen
für alles Unkraut, für diesen Hedrich zum Beispiel,
den der Bauer verflucht, für die lästige Quecke,
das hungrige Hirtentäschel, die Kletten,
die keiner erntet, für die Rade am Rande
des Kornfelds, für Wanzen- und Läusegewächs,
für den stinkenden Storchschnabel, für das
zertretene Gras in den Ritzen des Asphalts,
für Mäusebiß, für jede taube Nessel der Welt,
für Schimmelpilze und Mißwuchs, auch für die
falsche Kamille, die Heilkraft nur vortäuscht –
Gott, laß, der du das Unnütze nicht verachtest,
sondern zu lieben befahlst, laß, laß sie alle,
die Ungeliebten, wachsen und fruchten
und welken in deine Hand.

THEODOR DÄUBLER
Der Garten

Ich sah meine Heimat durch blühende Ranken,
Durch schneeweiße Kirschbäume leuchtet das Heim.
Der Flieder verinnigt uns Frühlingsgedanken;
Narzissen am Nesterrain lächeln geheim.

Der Morgen verjünglingt den Nachtigallweiher.
Ich liebe die glühenden Lauben im Tau.
Die Rosen entflammen zersilberndem Schleier,
Erblaut ist die Wonne, voll Sonne die Au.

Die Mandeln erblühen wie kindliche Wangen,
Erst schüchtern, verlegen, oft wundervoll rot.
Die Äste, mit nassen Glyzinien behangen,
Beträumen ein Taudiamant-Angebot.

Es lacht unsre Heimat im Glitzern der Wicke:
Sie weckt aller Wesen umrätselten Tod.
Sie nickt aus der Nelke beseligtem Blicke:
Die Heimat umblaut sich für Sonnengeschicke.

JULIA KOSPACH
Das Gartenspiel

Am Anfang ist ein Garten nicht mehr als ein Raum voller Ideen und Träume. Eine diffuse Sehnsucht nach Farben, Gerüchen, Blüten und Mustern. Um dieses Traumbild legt sich mit der Zeit der Rahmen des Möglichen. Am ehesten gleicht das Anlegen eines Gartens wahrscheinlich dem Schreiben eines streng formalen Gedichts, dessentwegen man sich freiwillig Beschränkungen unterwirft: Die Form, in die sich der Gärtner fügt, besteht aus der Landschaft, in der er seinen Garten anlegt, aus dem Klima und der Beschaffenheit der Erde, in die er seine Pflanzen setzt. Die Pflanzen entsprechen in diesem Bild den Worten des Gedichts. Wie diese füllen sie die durch die Umgebung eines Gartens festgelegte Form aus. Der Gärtner ist frei, den Grundton zu wählen, in dem sein Garten erklingen soll. Er wählt den Rhythmus, in dem Licht und Schatten aufeinandertreffen, das Zusammenspiel von Gerüchen und Farben, von Blattwerk und Blüten. Die Form bedeutet keine Einschränkung der gärtnerischen Phantasie. Im Gegenteil: Sie führt zu Konzentration, Stil und Dichte.
In diesem Licht besehen, wird aus der Arbeit im Garten ein Kunsthandwerk, ein Spiel mit Regeln, innerhalb derer sich der Garten entwickelt. In einem Garten ist nie alles möglich. Deshalb ist das Ziel des Gärtners auch nie die Annäherung an das Unmögliche, sondern er macht das äußerst Mögliche zum Ideal.

Die Entstehung eines Gartens unter diesen Vorzeichen ist das Anregendste überhaupt. »Nicht der Gärtner ist es, der der Natur einen Garten abgetrotzt hat, sondern der Garten hat sich einen Gärtner gefunden, der an seinem Zustandekommen leidenschaftlich interessiert ist«, schreibt die Österreichische Schriftstellerin Barbara Frischmuth. Das ist die erste Lektion, die Pflanzen ihren Freunden erteilen.

Kein im Garten verbrachter Tag vergeht ohne lange Momente, in denen man völlig von sich selbst absieht. Auch wenn man einen Garten nur kurz durchwandert, geschieht das. Arbeitet man darin, wird diese Wirkung noch verstärkt. Es ist wie ein Abtauchen in ein Universum, in dem die Selbstbetrachtung an Bedeutung verliert. An ihre Stelle tritt die Betrachtung eines Ortes und seiner Pflanzen. Dieses Abgleiten geht sanft, unmerklich vor sich, es scheint nichts Geheimnisvolles daran zu sein, und trotzdem strahlt es zurück auf das Ich, das sich gerade in den Gedanken oder im Kümmern um eine Pflanze verloren hat. In Momenten

selbstvergessener Gartenarbeit wird der Garten zu einer ganzen·
neuen Welt: neu bevölkert, neu beschaffen, mit neuen Regeln
und Möglichkeiten und mit einem neuen Zeitgefühl. Es ist wie
in dem Kinderbuch von Maurice Sendak ›Wo die wilden Kerle
wohnen‹, das mit den Sätzen beginnt: »An dem Abend, als Max
seinen Wolfspelz trug und nur Unfug im Kopf hatte, schalt seine
Mutter ihn. ›Wilder Kerl!‹ – ›Ich fress dich auf‹, sagte Max, und
da mußte er ohne Essen ins Bett. Genau in der Nacht wuchs
ein Wald in seinem Zimmer – der wuchs und wuchs, bis die
Decke voll Laub hing und die Wände so weit wie die ganze Welt
waren.« Ein Garten funktioniert wie dieses Kinderzimmer. Was
immer der Unfug war, den man beim Eintreten im Kopf gehabt
haben mag, der Garten ist der Ort des Gedankenwechsels. Seine
Grenzen – egal, wie klein er sein mag – dehnen sich immer weiter
ins Unendliche. Das langsame Lebenstempo des Gartens über-
trägt sich auf die, die sich in ihm bewegen. Darin liegt eine große
Qualität und Befriedigung.

MARIE LUISE KASCHNITZ

Die Winde

Sieh welch ein Wunder gelang
Des Gärtners Hand,
Der um den strebenden Stamm
Die Winde band.

Schimmernde Blüte er fand
Spät noch im Jahr
Schwebend auf grünem Gerank
Schmetterlingsschar.

Kühl in dem flammenden Kreis
Zartester Kern
Blau wie die Spalte im Eis
Zitternder Stern.

Keiner der Blüten verwandt
Die bald zunicht.
Bote aus magischem Land
Quelle von Licht.

Sieh welch ein Wunder gelang
Des Gärtners Hand,
Der in vergänglichem Leib
Ewiges bannt.

Gartenbrief

Es ist sehr kalt heute, das Gärtchen vor dem Fenster schlottert vor Kühle, siebenhundertzweiundsechzig Rosenknospen kriechen beinahe in die Zweige zurück. Der Hausbesitzer, ein ältlicher Professor der Philologie, hat sich neulich plötzlich noch eine Braut angeschafft und baut sich nun dicht vor meinem Fenster eine kleine Schattenlaube, worin der unverschämte Hund wahrscheinlich, mir vor der Nase, seine Flitterwochen vergirren will! Er hat einen alten lahmen Zimmermann angestellt, der schon die ganze Woche an dem verfänglichen Werke herum bäschelt und hämmert, heut ein Brettchen und morgen ein Brettchen; ein schlau aussehender Klempner sucht aus einer alten Badewanne von Blech ein Dach zuzuschneiden, welches so viel Wonne bedecken soll; ein Tüncher steht ungeduldig bereit mit eingetauchtem Pinsel, ein halb toller Gärtnergreis kommt alle Stunden und zankt, daß er seine Sträucher und Schlingpflanzen noch nicht hinsetzen könne, kurz es ist eine Aufregung und ein Treiben, als ob die Gärten der Semiramis gebaut werden sollten. Und der beglückte Bauherr steht hinten und vorn dabei und daneben und drum herum und mißt mit dem Zollstock und klettert auf das Dach, und nur die Braut tut verschämt und läßt sich nicht sehen auf der famosen Baustelle.

GEORG BRITTING
Bauerngarten

Ein Johanniskäfer, rot, mit weißen Tupfen,
Schläft auf dem Brennesselblatt.
Heuschrecken, langschenklig, hupfen
Durch den Zaun auf den Salat.

Eine Hummel wackelt und rumpelt
Drohend durch die Gräserspitzen.
Der alte Bauer humpelt
Zur Bank, in der Sonne zu sitzen.

Zwei Lerchen, und da noch eine!
Drei Punkte in blauer Luft –
Der Alte hebt witternd die Nase
In den braunen Roggenduft.

Die Lerchen steigen und fallen
Und fiedeln immerzu.
Der Hollunderbaum schlägt seine Krallen
In die schwarze Bodenruh.

BERTOLT BRECHT

Vom Sprengen des Gartens

O Sprengen des Gartens, das Grün zu ermutigen!
Wässern der durstigen Bäume! Gib mehr als genug und
Vergiß nicht das Strauchwerk, auch
Das beerenlose nicht, das ermattete
Geizige! Und übersieh mir nicht
Zwischen den Blumen das Unkraut, das auch
Durst hat. Noch gieße nur
Den frischen Rasen oder den versengten nur:
Auch den nackten Boden erfrische du.

Aus dem Tagebuch

10. Mai. – Ich wußte im letzten Jahr rein gar nichts über Gartenarbeit, und dieses Jahr weiß ich nur wenig mehr, doch habe ich eine leise Ahnung, was getan werden könnte, habe zumindest einen bedeutenden Schritt nach vorn getan: von Prunkwinden zu Teerosen.

Der Garten war die reinste Wildnis. Sie erstreckt sich rund ums Haus, hauptsächlich aber auf der Südseite, und dies offensichtlich schon seit Ewigkeiten. Die Südfront ist einstöckig, eine Flucht von Zimmern, die ineinander übergehen, die Wände sind von wildem Wein bewachsen. In der Mitte gibt es eine kleine Veranda, von der einige hinfällige Holzstufen hinabführen zu der einzigen Stelle auf dem ganzen Gut, aus der man sich je etwas gemacht zu haben scheint. Es ist ein in den Rasen eingeschnittener Halbkreis, umgeben von Liguster, und in diesem Halbkreis sind elf Beete unterschiedlicher Größe, die wiederum von Buchs eingerahmt und um eine Sonnenuhr angeordnet sind, und die Sonnenuhr ist altehrwürdig und moosbewachsen und meine innige Liebe. Diese Beete waren das einzig sichtbare Zeichen eines Versuchs, den Garten zu kultivieren (außer einem einsamen Krokus, der aus eigenem Antrieb jedes Frühjahr sproß, nicht weil er es wollte, sondern weil er nicht anders konnte), und in all diese elf Beete hatte ich Prunkwinden gesät, nachdem ich einen deutschen Gartenratgeber gefunden hatte, demzufolge Prunkwinden in Riesenmengen das einzig Brauchbare seien, um die abscheulichste Einöde in ein Paradies zu verwandeln. Nichts anderes wurde in diesem Buch mit derselben Wärme empfohlen, und da ich nicht den geringsten Schimmer hatte, wieviel Samen notwendig war, kaufte ich zehn Pfund und ließ sie nicht nur in den elf Beeten aussäen, sondern um fast jeden Baum herum und wartete dann in großer Erregung auf das versprochene Paradies. Nichts geschah, und ich erhielt meine erste Lektion. Glücklicherweise hatte ich auf zwei großen Flecken Land Gartenwicken gesät, die mich den ganzen Sommer über glücklich machten, ferner wuchsen unter den Südfenstern ein paar Sonnenblumen und einige Stockrosen, dazwischen Madonnenlilien. Aber nachdem ich die Lilien umgepflanzt hatte, verschwanden sie zu meiner großen Bestürzung; wie sollte ich mich auch in den Eigenheiten der Lilien auskennen? Und die Stockrosen entpuppten sich als ziemlich häßlich in der Farbe, so daß einzig und allein die Gartenwicken meinen ersten Sommer zierten und verschönten.

Die Rose

AUGUST HEINRICH HOFFMANN VON FALLERSLEBEN

Ich habe den Wind und die Wolke gefragt:
Warum doch blüht die Rose noch nicht?
Ich hab' es der Sonne mit Schmerzen geklagt:
Warum entziehst du der Rose dein Licht?

Ich bin in den Garten gegangen so oft:
Rose, so sieh doch, Alles ist grün!
Ich habe gewünscht und verlangt und gehofft:
Möchtest du, Rose, doch endlich erblühn!

Und laubiger wurde der Garten und dicht:
Rose, wo bist du? scholl es zu ihr.
Die Rose vernimmt's, was die Nachtigall spricht,
Schüchtern erblüht sie und blüht nun auch mir.

O sänge die Nachtigall immer ihr Lied,
Würde die Rose blühen noch heut.
Die Nachtigall schwieg und die Rose verschied,
Ach! und mein Sehnen ist wieder erneut.

HERMANN HESSE
Gärtner träumt

Was hat die Traumfee in der Wunderbüchse?
Vor allem ein Gebirg von bestem Mist!
Dann einen Weg, auf dem kein Unkraut wüchse,
Ein Katzenpaar, das keinen Vogel frißt.

Ein Pulver auch, mit dem bestreut alsbald
Blattläuse sich in Rosenflor verwandeln,
Robinien jedoch zum Palmenwald,
Mit dessen Ernte wir gewinnreich handeln.

O Fee, und mache, daß uns Wasser flösse
An jedem Ort, den wir bepflanzt, besät;
Gib uns Spinat, der nie in Blüten schösse
Und einen Schubkarrn, der von selber geht!

Und Eines noch: ein sicheres Mäusegift,
Den Wetterzauber gegen Hageltücken,
Vom Stall zum Hause einen kleinen Lift,
Und jeden Abend einen neuen Rücken.

Gott segne mir den Mann

Gott segne mir den Mann
In seinem Garten dort! Wie zeitig fängt er an,
Ein lockres Beet dem Samen zu bereiten!
Kaum riß der März das Schneegewand
Dem Winter von den hagern Seiten,
Der stürmend floh und hinter sich aufs Land
Den Nebelschleier warf, der Fluß und Au
Und Berg in kaltes Grau
Versteckt, da geht er ohne Säumen,
Die Seele voll von Ernteträumen,
Und sät und hofft.

THEODOR STORM

August (Inserat)

Die verehrlichen Jungen, welche heuer
Meine Äpfel und Birnen zu stehlen gedenken,
Ersuche ich höflichst, bei diesem Vergnügen
Wo möglich insoweit sich zu beschränken,
Daß sie daneben auf den Beeten
Mir die Wurzeln und Erbsen nicht zertreten.

PETER WÜRTH

Kampf den Feinden

Nicht alle lieben meinen Garten so wie ich. Oder besser: Sie lieben ihn sogar noch mehr als ich. Jedenfalls muß ich meinen heißgeliebten Garten mit anderen teilen, die ihn nicht so schonend behandeln wie ich. Mit Gartenfreunden, die sich an ihm gütlich tun, ihn als ihr Spezialitätenrestaurant und ihre Spielwiese ansehen.

Hemmungslos genießen sie ihn und seine Früchte. Sie nehmen keine Rücksicht auf mich, der ich so viel Arbeit und Geld

hineingesteckt habe. Sie nutzen die Gutmütigkeit aus, mit der ich immer wieder für Nachschub sorge.

Über die Vögel, die meine Johannisbeeren und Himbeeren fressen, kann ich mich nicht groß aufregen. Hunger haben wir schließlich alle, Beeren kann ich am Markt kaufen, und die Schönheit des Gartens würden flirrende Metallstreifen oder gar eine Vogelscheuche wesentlich mehr stören.

Die Wespen, die die reifen Birnen anknabbern, können auch mit Vergebung rechnen. Birnen haben wir schließlich genug. Außerdem sind die Waffen ungleich verteilt: Mit Wespenstacheln lege ich mich ungern an.

Mit bösen Konsequenzen aber müssen zum Beispiel Blattläuse auf den Rosen rechnen. Diese hartnäckigen kleinen grünen Biester können einen zur Verzweiflung treiben. Zwar bietet jedes Gartengeschäft ganze Regale voller Gegenmittel, aber wer will sein schönes Stück Natur schon mit Chemie vollpumpen? Natürlich gibt es auch noch eine ganze Reihe absolut sicherer Hausmittelchen, die garantiert helfen sollen. Seifenlauge oder Tabaksud zum Beispiel.

Nachbars schwarzer Kater Munkel hat derlei Behandlung nicht zu fürchten, obwohl wir auch ihn lieber von hinten sehen. Dieses schwarze Vieh stammt vermutlich direkt von einem südamerikanischen Puma ab und hat dessen kriegerische Eigenschaften noch in den Genen. Obwohl sein Besitzer ihm sogar ein Glöckchen umgehängt hat, gelingt es Munkel immer wieder, sich einen

Vogel zu schnappen. Mit dem halbtoten Tier spielt er dann so lange, bis der Vogel erschöpft zusammenbricht, worauf Munkel seine Beute stolz durch alle Nachbargärten schleift. Wenn man einen Garten hat, um wahre Harmonie zu erleben, Ruhe und Frieden zu genießen, kommen einem derartige Rituale der Natur seltsam archaisch vor. Allzuviel natürliches Verhalten will man im eigenen Garten dann ja auch wieder nicht erleben.

Ich betrachte Munkel jedenfalls als ausgesprochen unangenehmen Eindringling in meinen friedlichen Garten und verjage das Biest mit einem geziehen Strahl aus dem Gartenschlauch. Und unsere Nachbarin zur Linken hat sich gar eine riesige, vermutlich waffenscheinpflichtige Wasserpistole gekauft, um sich, ihren Garten und ihre nicht so wehrhafte Katze vor den Übergriffen des schwarzen Katers zu schützen.

Der größte Feind meines Gartens, und da wird mir jeder Leidensgenosse zustimmen, aber sind die Schnecken. Harmlos aussehende braune Tierchen von äußerst gefräßigem Wesen. Wer nie einen Garten und somit auch nie Schnecken gehabt hat, ver-

mag sich nicht vorzustellen, was einige wenige Exemplare dieser Gattung anrichten können. Noch nie ist es uns in fünf Jahren etwa gelungen, Lupinen zur Blüte zu bringen. Immer waren die Schnecken schneller. Ratzfatz fraßen sie die zarten Pflanzen wenige Tage nachdem ich sie gepflanzt hatte auf. Meistens war nicht einmal mehr die geringste Spur von den Lupinen zu entdecken, so daß ich mich ernsthaft fragte, ob ich sie je eingepflanzt hatte. Für Schnecken hat niemand Sympathie. Sie sind nicht süß und pelzig, sie haben keine guten Seiten wie die Frösche, die die lästigen Mücken vertilgen, und die Arten, die in unsereiner Garten leben, sind auch keine leckere Vorspeise. Sie sind eklig, zäh, und sie gehen mit dem Garten mindestens ebenso zerstörerisch um wie Conan, der Barbar, mit seinen Feinden.

Also gibt es für sie kein Pardon.

Es gibt viele Arten, Schnecken um die Ecke zu bringen, und jeder Gärtner weiß mit diabolischem Grinsen noch eine weitere Variante zu erzählen. Die sanfteste Methode sind gezackte Schneckenzäune, die man rund um den Garten eingräbt.

Schnecken können nicht darüberklettern, und der Garten bleibt sauber. Wenn er es denn vorher war. Ansonsten freuen sich die Schnecken im Garten, weil sie jetzt mit niemand mehr teilen müssen. Außerdem sind Schneckenzäune sauteuer.

Wer sich nicht selber die Hände schmutzig machen will, kauft den berühmten »Schneckentod«, ein Chemieprodukt, das die Schnecken, die davon kosten, innerlich austrocknet und anderen Lebewesen angeblich nichts Böses antut. Bei allem Haß auf Schnecken stöhnt mein christliches Gewissen auf, wenn ich mir vorstelle, wie diese feuchtigkeitsbedürftigen Glibberdinger so gaaaanz laaangsam innerlich verdorren. Außerdem muß man die verkrümmten Leichen später zusammensammeln. Irgendwie paßt das auch wieder nicht zur Harmonie von Mensch und Natur in meinem Garten.

Eher anfreunden könnte ich mich mit der Biermethode. Dabei gräbt man alte Joghurtbecher im Garten ein und füllt sie mit Bier. Der Geruch lockt die Schnecken an, gierig wie sie sind, stürzen sie sich in die Becher und ertrinken im Bier. Immerhin ein schönerer Tod als Verdursten. Ein Freund, der die Methode ausprobierte, wußte von übergroßen Erfolgen zu berichten. Bier scheint den Schnecken ähnlich wichtig zu sein wie den Bayern. Von nah und fern kamen die Schnecken in seinen Garten, um sich einen Rausch anzusaufen. So viele Schnecken hatte er noch nie in seinem Garten gesehen. Täglich mußte er randvolle Becher voller ekliger, aufgeschwemmter Bierleichen entsorgen.

Angeblich schneckenfreundlich ist es, die Tierchen mit kochendem Wasser zu übergießen. Das garantiere ihnen einen schnellen Tod. Wer immer das behauptet, unterschlägt das Wesentliche dieser Methode: Man muß sie dafür nämlich erst einmal einsammeln. Schnecken pflegen aber nun einmal nicht an einem

schönen Sonntagnachmittag vor dem Liegestuhl zu paradieren. Weil sie als schlaue Wesen Angst vor zuviel Sonne haben, kommen sie frühestens in der Dämmerung aus ihren Verstecken. Und auch dann schleichen sie sich geschützt unter Blättern durchs Gelände und sind so leicht nicht zu erwischen. Wie viele Stunden habe ich abends mit Taschenlampe und Plastiktüte bewaffnet auf Schneckenjagd im Garten verbracht? Richtiggehend angesessen bin ich, bis ich irgendwo die glitzernde Schleimspur eines Feindes entdeckt habe.

Anders als meine brutalen Ratgeber habe ich es aber nie übers Herz gebracht, den gefräßigen Geschöpfen mit ihren winzigen Knopfaugen mit kochendem Wasser den Garaus zu machen. Und auch zu der Methode, die glitschigen Tierchen »einfach« mit der Schere zu zerschneiden, konnte ich mich nie durchringen. Am Anfang habe ich die Tüte voller Schnecken in den nächsten öffentlichen Park gebracht. Aber als ich gesehen habe, wie schnell die lieben Kleinen verschwunden waren, bekam ich doch Angst, sie würden rachedurstig den Weg nach Hause finden. Man weiß ja nie.

Seitdem mache ich die Plastiktüte immer ganz fest zu und stecke sie in die Mülltonne. Wenn der Schneckengott will, kann er sie ja von dort retten. Vielleicht kommen sie auf eine große Müllkippe, wo sie wie im Paradies leben können. Und ich bin dann moralisch aus dem Schneider.

Der züchterische Umgang mit der Pflanze

Der züchterische Umgang mit der Pflanze führt uns immer wieder in abenteuerliche Überraschungen. Der Gärtner schafft die wissenschaftlichen und handwerklichen Grundlagen für neue Züchtungen und steht dann plötzlich vor Blumen, die wie von Engelshänden geformt scheinen. Keine Phantasie kann die Noblesse dieser Geschöpfe vorher ahnen, bei deren Anblick der Züchter oft denkt: Reiche Gott einen kleinen Finger, und er nimmt die ganze Hand.

Die laute Welt und ihr Ergötzen

Die laute Welt und ihr Ergötzen,
Als eine störende Erscheinung,
Vermag der Weise nicht zu schätzen.
Ein Maulwurf war der gleichen Meinung.
Er fand an Lärm kein Wohlgefallen,
Zog sich zurück in kühle Hallen
Und ging daselbst in seinem Fach
Stillfleißig den Geschäften nach.
Zwar sehen konnt er da kein Bissel,
Indessen sein getreuer Rüssel,
Ein Nervensitz voll Zartgefühl,
Führt sicher zum erwünschten Ziel.
Als Nahrung hat er sich erlesen
Die Leckerbissen der Chinesen,
Den Regenwurm und Engerling,

Wovon er vielfach fette fing.
Die Folge war, was ja kein Wunder,
Sein Bäuchlein wurde täglich runder,
Und wie das häufig so der Brauch,
Der Stolz wuchs mit dem Bauche auch.
Wohl ist er stattlich von Person
Und kleidet sich wie ein Baron,
Nur schad, ihn und sein Sammetkleid
Sah Niemand in der Dunkelheit.
So trieb ihn denn der Höhensinn,
Von unten her nach oben hin,
Zehn Zoll hoch, oder gar noch mehr,
Zu seines Namens Ruhm und Ehr
Gewölbte Tempel zu entwerfen,
Um denen draußen einzuschärfen,
Daß innerhalb noch einer wohne,
Der etwas kann, was nicht so ohne.
Mit Baulichkeiten ist es misslich.
Ob man sie schatzt, ist ungewisslich.
Ein Mensch von andrem Kunstgeschmacke,
Ein Gärtner, kam mit einer Hacke.
Durch kurzen Hieb nach langer Lauer
Zieht er an's Licht den Tempelbauer
Und haut so derb ihn übers Ohr,
Daß er den Lebensgeist verlor.
Da liegt er nun der stolze Mann.
Wer thut die letzte Ehr ihm an?
Drei Käfer, schwarz und gelb gefleckt,
Die haben ihn mit Sand bedeckt.

Otterndorf, den 30. März 1780

Wenn Ihr nach Otterndorf mitreist, so solt Ihr auch die schöne Bank bewundern, die ich ehgestern und gestern mit eignen Händen in meiner Laube an der Mäme gezimmert habe. Könnte doch Nantchen mit uns darauf sitzen, und die Tulpen und Hiazinthen blühen sehn! Ich glaube, daß ich hier noch ein Weilchen fortsizen muß, und will wenigstens mein Nest so angenehm machen, als es werden kann. Quellen, Wälder und Nachtigallen giebts hier nicht. Ich habe mir auch einen Garten vor dem Thore mit einem Lusthause und 2 Lauben gemietet, um selbst Bohnen und Erbsen zu bauen, die hier sehr selten und theuer sind. Denn die Hadler mästen sich Jahraus Jahrein mit Mehlklößen, wie die Truthähne, und einige reiche Landleute (Bauren wollen sie nicht heißen) haben nicht einmal einen Küchengarten. Die Klöße sind ungelogen so groß, als ein Kindskopf, und deren genießt jede Person 2, und Fleisch (Gragenbraten nennen sies) obendrein. Gartengewächse sind nur Schlikerwerk. Osternabend frißt jeder 20 Eier zur Vorkost. Wir grüßen und umarmen Euch und Euer Hausgesindel samt und sonders. Bleibt gesund, und kommt ja zu erster Zeit nach Hamburg.

Hortulus

Was für Land Du immer besitzest, und wo es sich finde […] –
Nirgends weigert es sich, die ihm eignen Gewächse zu zeugen.
Wenn deine Pflege nur nicht ermattet in lähmender Trägheit,
Nicht sich gewöhnt zu verachten den vielfachen Reichtum
des Gärtners törichterweise, und nur nicht sich scheut, die
schwieligen Hände bräunen zu lassen in Wetter und Wind und
nimmer versäumet, Mist zu verteilen aus vollen Körben im
trockenen Erdreich.

Sommerlich die Gärten tönen

Sommerlich die Gärten tönen,
singen Vögel, rauscht das Laub.
Hinter all dem zärtlich Schönen
geht die Raserei auf Raub.
Sie verstockt sich, nicht zu hören
auf des Lebens Harmonie;
stets nur konnte sie zerstören,
was in Friedlichkeit gedieh.
Wir, die dankerfüllt genießen,
was in Busch und Baum geschieht,
die sich gern bezaubern ließen
durch der Jahreszeiten Lied,
wittern plötzlich das Verderben,
das mich, der das Leben liebt,
dennoch läßt gewaltsam sterben,
wenn es alles dies noch gibt,
ungestört vom Bomber-Dröhnen,
gegen Schlachten-Donner taub:
sommerlichen Glückes Tönen,
Lerche und bewegtes Laub.

Meldorf, 14. April 1784

Ich bringe fast alle Nachmittage eine Stunde in meinem neuen Garten zu, säe, pflanze und fühle schon, daß dies selbst gepflegte Kind mich glücklicher machen wird als alles, was ich hier bisher hatte. Nach meinem jetzigen Plan leg ich vor dem Saal, wo unsre Sommerwohnung sein wird, ein großes ovales Boulingrin [Rasenplatz] an, in dessen Mitte ich auf einem kleinen Hügel Rosen pflanzen will. Rund um dasselbe soll sich eine Blumenrabatte ziehen und hinten das Boskett, das ganz bis ans Ende des Gartens in gerader Linie gehen soll und dann mit zweien Armen den übrigen Teil des Gartens, wo Obstbäume und Küchengewächse gezogen werden, einfassen, so daß ich durch und um den ganzen Garten einen schattigen Gang bekomme. Ich projektiere auch eine Laube von lauter schlingenden Stauden und Gewächsen, die die schönsten von allen Lauben geben. Seit gestern haben wir endlich Frühlingswetter, und heute regnet es so sanft und milde, daß dadurch wieder Leben in die erstorbene Natur kommen muß. Es ist auch Zeit.

Wenn die Hühner im Garten sind

Mein Hinkelchen, mein Hinkelchen,
Was machst in unserm Garten,
Pflückst uns all die Blümchen ab,
Machst es gar zu arg,
Mutter wird dich jagen,
Vater wird dich schlagen,
Mein Hinkelchen, mein Hinkelchen,
Was machst in unserm Garten.

Des niedern Bux-
Baums festes Laub

JOHANN HEINRICH BROCKES

Des niedern Bux-Baums festes Laub,
Wodurch der Menschen Witz und Fleiß
Den leeren dunckel-braunen Staub
So künstlich einzuschrencken weis,
Daß schön're Züge, Laub-Werck, Bilder
Kein Mathematicus, kein Schilder,
Fast mit dem Pinsel malen kann,
Treibt mich, wie folgt, zu dencken an:

Ein Gärtner malet hier,
Ohn' Oel und Stafeleyen,
Ohn' Pinsel, ohn' Palet, lebend'ge
Schildereyen.
Sein Spaten dienet ihm zum Reiß-Bley,
sein Papier
Ist schwartz- und dunckel-braun, er
schreibt gezog'ne Namen,
Zieht Laub-Werck, selbst von Laub, und
fasst in grüne Ramen
Sein schön figürlich Werck, von mehr als
hundert Arten,
Ja ohne Bux-Baum ist der Garten kaum
ein Garten.

Gärten

Man fühlt in diesem Augenblick, daß hier eine erhöhte Freude an Gärten existiert. Solche Phänomene kommen und gehen und drücken irgendwie das innere Leben eines Gemeinwesens aus, wie irgendwelche Liebhabereien bei einem Individuum. Das Besondere ist immer nicht so sehr, daß etwas getan wird, als der Rhythmus, in dem es sich vollzieht, die Gefühlsbetonung. Dies nun geschieht im Augenblick freudig. Die große Stadt entledigt sich nicht mürrisch und amtsmäßig der hygienischen Verpflichtung, kleine Flecke von Grün in ihren graugelben Gesamtaspekt aufzunehmen, sondern sie wühlt ihre Ränder mit Lust in das Bett von endlosen natürlichen Gärten und gartenhaften Hügeln, in denen sie liegt, und ist entzückt, wenn an zwanzig Stellen in ihr neue Büschel von Grün und Farbe aufbrechen. Man eröffnet jedes Vierteljahr immer neue Gärten, der Bürgermeister hält kleine Reden, die unvergleichlich sympathischer sind als das meiste, was irgend bei öffentlichen Anlässen geredet wird, und man kann wirklich hoffen, daß mit der Zeit die Büsche von Jasmin und Flieder und Berberitzen, die großen Tuffen von Rhododendron

und die Ranken von Klematis und Kletterrosen den größten Teil
der unerträglichen Denkmäler zugedeckt haben werden, die wie
steingewordene Phrasen einer halbvergangenen Ära in jeder Ecke
herumstehen und so sehr beitragen, diejenigen, denen sie gesetzt
sind, in Vergessenheit zu bringen.

Dieses Ganze ist ja ein ungeheurer Garten, zusammengesetzt aus
Tausenden von kleinen Gärten und aus wilden, aber gartenhaften
Hügeln. Und dieses Ganze reicht von Baden im Süden bis zu
jener Donauecke im Norden, auf der Klosterneuburg thront und
die so schön ist, daß Napoleon sie nach Frankreich mitnehmen
zu können wünschte. (Diese kleinen Tatsachen scheinen mir von
denen zu sein, die niemals ganz vergessen werden können: daß er
dieses Kloster über den Strom nach Frankreich mitnehmen wollte; daß er verbot, der Stadt Pistoja ihre Mauern wegzunehmen,
weil diese zu engen und zu hohen Mauern wie ein finsterer Küraß
die ganze Schönheit dieser Stadt ausmachen; daß er in Venedig
auf jener äußersten Landzunge, die das Bild schließt, den einen
großen öffentlichen Garten anlegen ließ. Daß er bei diesem
Tempo des Lebens solche Liebe aufbrachte für irgendeinen Fleck

Erde da und dort, das wird bleiben, vielleicht verdichtet zu einer Mythe, wie jene von Xerxes, daß er befohlen habe, einer unvergleichlich schönen alten Platane seinen goldenen Halsschmuck umzuhängen.) Das Kostbarste dieser Anlage, wofür das Budget keiner Großstadt ausgereicht hätte, hat die Natur auf sich genommen: die Erdbewegungen. Diese Zehntausende von kleinen, wundervoll variierten Erhöhungen und Senkungen, von Kuppen und Rücken und Wällen, von Abhängen, Klüften, Mulden, Terrassen, Hohlwegen, Überschneidungen – ich glaube, es gibt nicht einen älteren mittelgroßen Garten in Heiligenstadt oder Pötzleinsdorf, in Döbling, in Dornbach, Lainz oder Mauer, der an diesem unerschöpflichen Reichtum nicht seinen Anteil hätte. Hier kann keiner klagen, daß sein Garten klein ist. Denn es ist nicht ein Stück flachen Bodens, an dem man nach Belieben rechts und links hätte einen Streif mehr haben können, sondern fast jeder von diesen unzähligen Gärten ist ein Individuum und kann eine Welt für sich werden.

Es ist ganz gleich, ob ein Garten klein oder groß ist. Was die Möglichkeiten seiner Schönheit betrifft, so ist seine Ausdehnung

so gleichgültig, wie es gleichgültig ist, ob ein Bild groß oder
klein, ob ein Gedicht zehn oder hundert Zeilen lang ist. Die
Möglichkeiten der Schönheit, die sich in einem Raum von
fünfzehn Schritt im Geviert, umgeben von vier Mauern, ent-
falten können, sind einfach unmeßbar. Es können im Hof eines
Bauernhauses eine alte Linde und ein gekrümmter Nußbaum
beisammenstehen und zwischen ihnen im Rasen durch eine
Rinne aus glänzenden Steinen das Wasser aus dem Brunnentrog
ablaufen, und es kann ein Anblick sein, der durchs Auge hin-
durch die Seele so ausfüllt wie kein Claude Lorrain. Ein einziger
alter Ahorn adelt einen ganzen Garten, eine einzige majestätische
Buche, eine einzige riesige Kastanie, die die halbe Nacht in ihrer
Krone trägt. Aber es müssen nicht große Bäume sein, sowenig,
als auf einem Bild ein dunkelglühendes Rot oder ein prangendes
Gelb auch nur an einer Stelle vorkommen muß. Hier wie dort
hängt die Schönheit nicht an irgendeiner Materie, sondern an
den nicht auszuschöpfenden Kombinationen der Materie. Die
Japaner machen eine Welt von Schönheit mit der Art, wie sie ein
paar ungleiche Steine in einen samtgrünen, dicken Rasen legen,

mit den Kurven, wie sie einen kleinen kristallhellen Wasserlauf sich biegen lassen, mit der Kraft des Rhythmus, wie sie ein paar Sträucher, wie sie einen Strauch und einen zwerghaften Baum gegeneinanderstellen, und das alles in einem offenen Garten von soviel Bodenfläche wie eines unserer Zimmer. Aber von dieser Feinfühligkeit sind wir noch weltenweit, unsere Augen, unsere Hände (auch unsere Seele, denn was wahrhaft in der Seele ist, das ist auch in den Händen); immerhin kommen wir allmählich wieder dorthin zurück, wo unsere Großväter waren, oder mindestens unsere naiveren Urgroßväter: die Harmonie der Dinge zu fühlen, aus denen ein Garten zusammengesetzt ist: daß sie untereinander harmonisch sind, daß sie einander etwas zu sagen haben, daß in ihrem Miteinanderleben eine Seele ist, so wie die Worte des Gedichtes und die Farben des Bildes einander anglühen, eines das andere schwingen und leben machen.

Ein alter Garten ist immer beseelt. Der seelenloseste Garten braucht nur zu verwildern, um sich zu beseelen. Es entsteht unter diesen schweigenden grünen Kreaturen ein stummes Suchen und Fliehen, Anklammern und Ausweichen, eine solche Atmosphäre

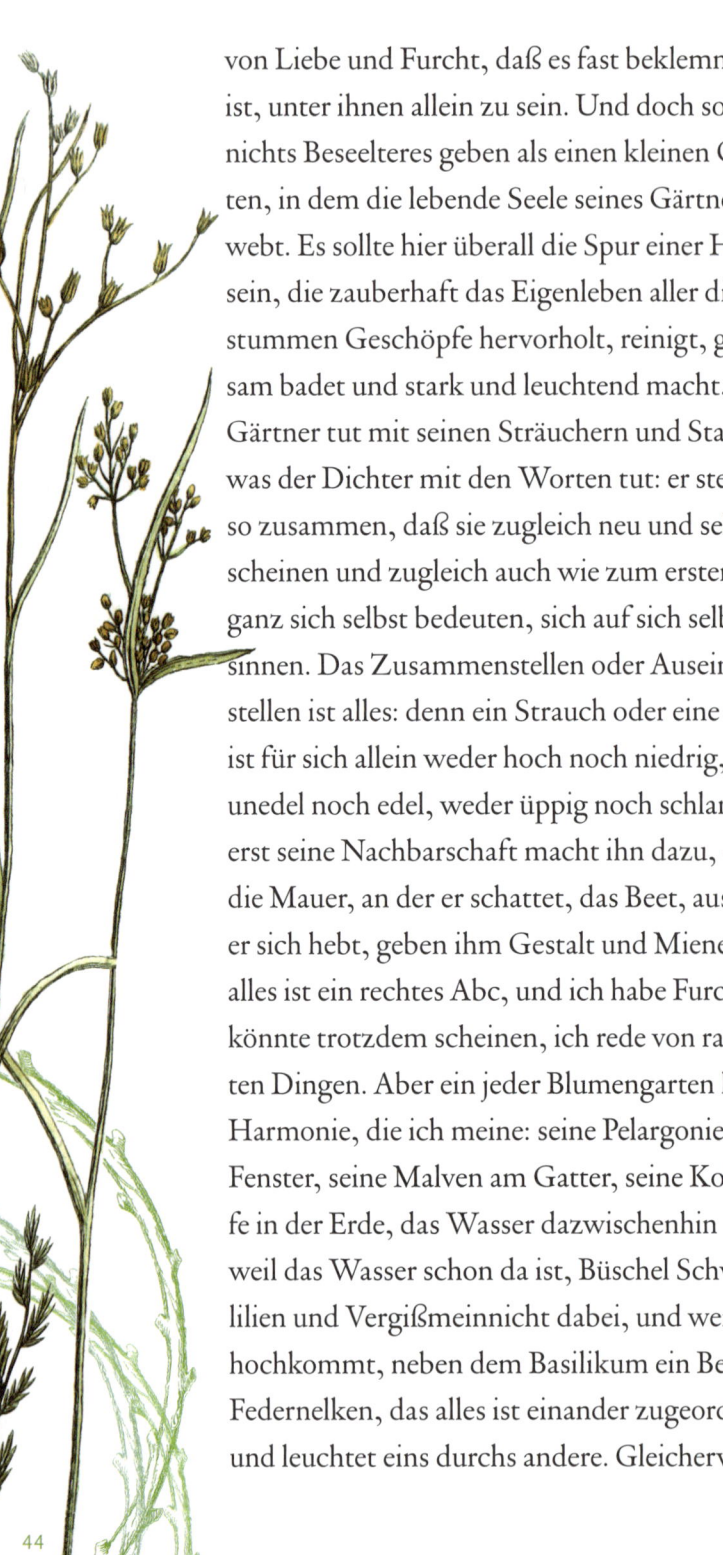

von Liebe und Furcht, daß es fast beklemmend ist, unter ihnen allein zu sein. Und doch sollte es nichts Beseelteres geben als einen kleinen Garten, in dem die lebende Seele seines Gärtners webt. Es sollte hier überall die Spur einer Hand sein, die zauberhaft das Eigenleben aller dieser stummen Geschöpfe hervorholt, reinigt, gleichsam badet und stark und leuchtend macht. Der Gärtner tut mit seinen Sträuchern und Stauden, was der Dichter mit den Worten tut: er stellt sie so zusammen, daß sie zugleich neu und seltsam scheinen und zugleich auch wie zum erstenmal ganz sich selbst bedeuten, sich auf sich selbst besinnen. Das Zusammenstellen oder Auseinanderstellen ist alles: denn ein Strauch oder eine Staude ist für sich allein weder hoch noch niedrig, weder unedel noch edel, weder üppig noch schlank: erst seine Nachbarschaft macht ihn dazu, erst die Mauer, an der er schattet, das Beet, aus dem er sich hebt, geben ihm Gestalt und Miene. Dies alles ist ein rechtes Abc, und ich habe Furcht, es könnte trotzdem scheinen, ich rede von raffinierten Dingen. Aber ein jeder Blumengarten hat die Harmonie, die ich meine: seine Pelargonien im Fenster, seine Malven am Gatter, seine Kohlköpfe in der Erde, das Wasser dazwischenhin und, weil das Wasser schon da ist, Büschel Schwertlilien und Vergißmeinnicht dabei, und wenn's hochkommt, neben dem Basilikum ein Beet Federnelken, das alles ist einander zugeordnet und leuchtet eins durchs andere. Gleicherweise hat jeder ältere Garten, der zu einem bürgerlichen oder adeligen Haus gehört, seine Harmonie, ich rede von Gärten, die heute mehr als sechzig Jahre alt sind: da hat jeder größere Baum seinen Frieden um sich und streut seinen Schatten auf einen schönen stillen Fleck oder auf einen breiten, geraden, rechtschaffenen Weg, die Blumen sind dort, wo sie wollen und sollen, als hätte die Sonne selbst sie aus der Erde hervorgeglüht, und der Efeu hat sich mit jedem Stück Holz und Mauer zusammengelebt, als könnte eins ohne das andere nicht sein. Das ist aber nicht bloß der edle Rost, den die Zeit über die angefaßten Dinge bringt, sondern auch die Anlage, deren selbstsichere Simplizität die paar Elemente der ganzen Kunst in sich hält.

Es hat nicht jeder einen alten Garten bei seinem Hause, und wer heute baut, soll nicht einen alten Garten kopieren, sondern ihm seine paar Wahrheiten ablernen. Wer heute einen Garten anlegt, hat eine feinfühligere Zeit darin auszudrücken, als die unserer Urgroßväter Anno Metternich und Bäuerle war. Er hat eine so merkwürdige, innerlich schwingende, geheimnisvolle Zeit auszudrücken, als nur je eine war, eine unendlich beziehungsvolle Zeit, eine Zeit, beladen mit Vergangenheit und bebend vom Gefühl der Zukunft, eine Generation, deren Sensibilität unendlich groß und unendlich unsicher und zugleich die Quelle maßloser Schmerzen und unberechenbarer Beglückungen ist. Irgendwie wird er mit der Anlage dieses Gartens seine stumme Biographie schreiben, so wie er sie mit der Zusammenstellung der Möbel in seinen Zimmern schreibt. Der Ausgleich zwischen dem Bürgerlichen und dem Künstlerischen (es gibt im Grunde nichts, was dem Dichten so nahesteht, als ein Stück lebendiger Natur nach seiner Phantasie umzugestalten), der Ausgleich zwischen dem Netten und dem Pittoresken, der Ausgleich zwischen dem persönlichen und der allgemeinen Tradition, dies alles wird

unseren neuen Gärten ihre nie
zu verwischende Physiognomien
geben. Sie werden dasein und werden ganz etwas Bestimmtes sein,
eine jener Chiffern, die eine Zeit
zurückläßt für die Zeiten, die nach
ihr kommen. Es werden Gärten
sein, in denen die Luft und der frei-
gelassene Raum eine größere Rolle
spielen wird als in irgendwelchen
früheren Zeiten. Nichts wird ihre
ganze Atmosphäre so stark bestimmen als die überall fühlbare Angst
vor Überladung, eine vibrierende,
nie einschlafende Zurückhaltung
und eine schrankenlose Andacht
zum einzelnen. Es wird unendlich viel freie Luft nötig sein, um
diesem Trieb für das einzelne so
stark nachzuhängen, als er mächtig
sein wird. Denn er wird zunächst
die ganze Sensibilität dessen
ausfüllen, der einen Garten anlegt.
Fürs erste wird nichts dasein als
ein unendlicher Hunger und Durst
nach dem Erfassen der einzelnen
Elemente der Schönheit. Man wird
sich besinnen, daß man niemals
den einzelnen Strauch genossen
hat, niemals die einzelne Staude,
niemals die einzelne Blume, kaum

jemals den einzelnen Baum. Denn immer hatte die Gruppe den einzeln blühenden Strauch verschlungen, das Boskett alles zu einem formlosen Knäuel von Grün vermengt. Die Reaktion gegen diesen gärtnerischen Begriff der »Gruppe« wird heftig sein und von unberechenbarer Fruchtbarkeit, denn man wird erkennen, daß die »Gruppe« den ganzen Reiz der individuellen und so bestimmten Formen verschluckt hat, um an seine Stelle ihre eigenen schablonenhaften Formen zu setzen. Die Gärtner der neuen Gärten aber werden für sich mit Leidenschaft zunächst die einfachsten Elemente, die geometrischen Elemente der Schönheit, wiedererobern. Dieser Leidenschaft wird fürs erste alles andere weichen, selbst das Bedürfnis nach Schatten. Man möchte schon heute wünschen, es möge die Periode nicht zu kurz sein, in der eine frisch geweckte Feinfühligkeit sich satt trinkt an der Schönheit des einzelnen: die gefühlte Form eines überhängenden Busches, die gefühlte Form des noch blütenlosen Schaftes der Taglilie, die gefühlten Formen der einzelnen Rispe, der einzelnen Staude, des einzelnen Blümchens, gefühlt mit der äußersten Intimität des Mannes, der jeden Keim in seinem Garten kennt, an jedes glänzende Blatt mit dem Auge gerührt, jeden jungen Trieb in zarten Fingern gewogen und um seine Kraft gefragt hat: auf diesen Elementen wird die zarte, zurückhaltende Harmonie des neuen Gartens ruhen, und die Farbe wird nur das Letzte an Glanz hineinbringen wie das Auge in einem Gesicht. Eine nie aussetzende respektvolle Liebe für das einzelne wird immer das Besonderste an diesem Garten sein. Nicht leicht wird sich die Farbe eines leuchtenden Beetes wiederholen, und ein schön blühender Strauch wird nirgends da und dort seinen Zwillingsbruder haben.

Ich weiß nicht, was bedeutender und schöner sein kann, als wenn den noch mächtigen, starrenden Strunk eines abgestorbenen

Baumes eine wuchernde Rose oder eine dunkelrote Klematis überspinnt; dies ist ein Anblick, in dem etwas Sentimentales sich mit einem ganz primitiven Vergnügen mischt, das Tote vom Leben zugedeckt zu sehen. Aber wenn ich das in einem Garten dreimal finde, so ist es degradiert, und mir wäre lieber, man hätte den Strunk ausgehauen und die Rose an der Stallmauer hinaufgezogen. Ich weiß aus der Zeit, da ich fünf Jahre alt war, was für die Phantasie eines Kindes der Strauch mit den fliegenden Herzen ist. Wären ihrer sechs davon in dem Garten gewesen statt des einen, der in einer Ecke stand, unweit eines alten, unheimlichen Bottichs, unter dem die Kröte wohnte, aus den sechs hätte ich mir wenig gemacht: der eine war mir wie der Vertraute einer Königstochter. Wir dürfen in diesen Dingen keine abgestumpftere Phantasie haben als ein fünfjähriges Kind und müssen fühlen, wie die Vielzahl ein Zaubermittel ist, das wir brauchen dürfen, um den Rhythmus zu schaffen, das aber alles verdirbt, wo wir sie gedankenlos wuchern lassen.

Vor längerer Zeit fragte mich eine ältere gebildete Dame, ob ich die gefüllte Pelargonie nicht eine ordinäre Blume fände. Ich glaube, heute gibt es niemanden mehr, der eine Blume ordinär findet. Wir haben eine lebendige Sensibilität für alle Blumen und wissen mit Akelei, Fingerhut und Rittersporn auch etwas anzufangen. (Nach und nach werden wir wieder reich genug sein, um aus dem Garten zurückzukommen und in ein großes Glas alle Blumen zusammenzustecken, die auf einem schönen holländischen Blumenstück sind.) Dazu akklimatisieren wir den Rhododendron und die Azalee, machen den Flieder doppelt, färben die Hortensie blau und die Schwertlilie blaßrot und werden von Jahr zu Jahr reicher. So müssen wir uns doch nicht länger mit der abscheulichen Gewohnheit schleppen, so fremde und unglückliche Geschöpfe in unsere Gärten zu tun, wie es die Palmen sind, sowohl die Fächerpalme als die von der Gattung Phönix. Das gleiche meine ich von der Musa, der Yukka und anderen Gewächsen, die in unseren Gärten vorkommen wie die gräßlichen exotischen Fremdworte in den Gedichten von Freiligrath, die wir im Gymnasium lesen mußten. Es ist zu denken, daß diese tristen Geschöpfe zugleich mit dem Kultus der »Gruppe« aus unseren Gärten verschwinden werden, deren Krönung sie ja bilden. Jedenfalls wird der Geist, dem die »Gruppe« so

unerträglich sein wird, wie einer gewissen Epoche der Malerei
der Begriff der »Komposition« war, dieser Geist wird solche
Fremdlinge jedenfalls hinaustreiben. Denn sie sind entsetzlich
und unheilbar heimatlos bei uns, daß sie einen ganzen Garten
traurig und häßlich machen, wenn auch nur ihrer zwei oder drei
darin herumstehen. Es gehört eine besondere Stumpfheit dazu,
um nicht zu fühlen, daß alles an ihnen, die Nuance ihres Grün,
das Gewebe ihrer Wedel, ihr ganzes Dastehen, in den lautesten
Tönen gegen die Umgebung schreit, gegen den Rasen, aus dem
sie nicht hervorgewachsen sind, gegen die Büsche und Bäume,
mit denen sie nichts gemein haben, gegen das Licht, das ihnen zu
wenig stark ist, in dem sie nicht flirren und schwimmen, ja gegen
die Luft selber, die sie hassen. Ich spreche von ihnen sowohl um
ihrer selbst willen und ihrer verstimmenden Gegenwart, die in
einen kleinen Garten alle Traurigkeit eines mit falschem Luxus
möblierten Zimmers bringt, als auch wie von einem Symbol.
Denn in dem Garten, in dessen Anlage nur irgend etwas gefühlt
ist, dessen Wiener Luft und dessen Wiener Boden von dem
empfunden werden, der noch keinen Strauch und keine Staude
in den kahlen, erwartungsvollen Grund gesetzt hat, wird für sie
kein Platz mehr sein.

Swâ guoter hande wurzen sint (Gärtnerischer Rat)

Wo gut geratene Kräuter sind
in einem grünen Garten,
die lasse ein weiser Mann
nicht unbehütet stehen.
Er soll sie behandeln wie ein Kind
und mit den Augen liebkosen.
Das macht seinem Herzen Lust
und erfreut sein Gemüt.

Ist böses Unkraut darunter,
das reiße er einzeln heraus.
(Lässt er's, dann wächst es,
dass es ein Wunder ist.)
Er achte darauf, wenn Dornen
sich listig verbreiten,
diese von seiner Arbeit fernzuhalten.
Sonst ist diese ganz und gar verloren.

Hauspark

Liebe Mutter, die Gespielen
Sagen mir schon manche Zeit,
Daß ich besser sollte fühlen,
Was Natur im Freien beut.
Bin ich hinter diesen Mauern,
Diesen Hecken, diesem Bux,
Wollen sie mich nur bedauern,
Neben diesem alten Jux.

Solche schroffe, grüne Wände,
Ließen sie nicht länger stehn;
Kann man doch von einem Ende
Gleich bis an das andre sehn.
Von der Scheere fallen Blätter,
Fallen Blüthen, welch ein Schmerz!
Asmus, unser lieber Vetter,
Nennt es puren Schneiderscherz.

Stehn die Pappeln doch so prächtig
Um des Nachbars Gartenhaus;
Und bei uns, wie niederträchtig
Nehmen sich die Zwiebeln aus!
Wollt ihr nicht den Wunsch erfüllen –
Ich bescheide mich ja wohl!
Heuer nur, um Gotteswillen,
Liebe Mutter, keinen Kohl!

RENÉ SCHICKELE
Pfingstrosen

Mit der Zeit sind sie eine feine Familie geworden. Nur in auserlesenen Kreisen bekannt und nicht zuletzt wegen dieser Abgeschlossenheit hochgehalten.

Ich habe sie im Garten abseits zu einem Familientag zusammengesetzt. Der Familientag findet um Pfingsten herum statt. Jedes Mitglied kommt einzeln.

Ob sie männliche oder weibliche Namen führen, alle sind Frauen. Wenn sie endlich versammelt sind, benimmt sich jede, als säße sie ganz allein und lege vor Gott und ihrem Gewissen eine Prüfung in Eleganz und seelenvollem Ausdruck ab.

Möglich, daß Gott und Gewissen nur andre Namen sind für einen Spiegel, den das Menschenauge ebensowenig sieht.

Fast alle sind zart und nachlässig und duften von Liebesbereit-
schaft. Sie haben eine schwache Gesundheit oder täuschen sie vor.
Manche scheinen so hinfällig, daß sie schier vergehn im Augenblick, wo sie erblühn. Auf ihrer weißen Brust erscheinen dann
Blutflecken in Form von züngelnden Flammen.

Einige tragen wie echte Adelige den Namen von Ortschaften und
Provinzen (Triomphe de Lille, Straßburg, Gloire de Lorraine,
Königswinter, Duchesse de Nemours), die Feinsten werden mit
»Durchlaucht« und »Hoheit« angeredet.

Da ich die Namen, wie sie im Gotha der Gärtner stehn, leicht ver-
gesse, habe ich die meisten umgetauft. Diese Namen behalte ich,
denn für mich hießen sie schon immer so: »Lendemain«, »Mond-
schein«, »Entzückende Migräne«, »Morgenröte«, »Die Braut«.

»Die Braut« blüht wie eine gefüllte Alabasterschale.

Die Blätter, die die Schale bilden, sind fest, ebenmäßig gerundet
und glänzen von einem seidigen Firnis. Die Fülle der inneren Blätter erreicht nicht ganz den Rand der äußeren, so daß sich die Blume wirklich in ihrer eigenen Schale darbietet. Im Innern stehn die
Blätter dicht gedrängt und gekräuselt – erstarrt in einem Schauer.

»Die Braut« schimmert wie Elfenbein, also je nach der Beleuchtung blendend weiß oder gelblich. In dem Weiß gibt es winzige
Blutspritzer.

Und wo das bißchen Blut sitzt, halten die Blätter sich scheu zur
Seite.

Im übrigen ist sie prall wie sonst keine, hält sich ordentlich und
verrät als einzige Gemüt und Sinn für Häuslichkeit.

Die Fachleute und andre Zeremonienmeister des Gartens emp-
fehlen, die zarten Geschöpfe, die nur aus blühender Haut be-
stehn, in Korsette zu stecken, indem man den Busch mit einem
Drahtring versieht. Darauf sind sie verfallen, weil die Häupter
jeder Päonienfamilie die Neigung haben, möglichst weit Abstand

voneinander zu nehmen. Und da sie ihren Stuhl nicht rücken können, bleibt ihnen nur die Flucht unter den Tisch. So kann es geschehn, daß sie alle miteinander auf dem Boden liegen. Wenn es dann regnet, werden sie schmutzig.

Das Anlegen eines Korsetts konnte ich ihnen nicht zumuten, ich hätte mich für sie geschämt. Dieses Jahr hat es aber so viel gewindet und geregnet, es ist ihnen so schlecht dabei ergangen, daß ich sie nunmehr mit einer Leibgarde von schmalgebauten, steifen sibirischen Iris umgeben werde.

Diese Hellebardiere mögen die Damen auffangen, wenn sie bei ihrem Familientag in Ohnmacht fallen.

Man sollte die Nachbarschaft der Blumen nicht nur nach ihren Farben bestimmen, sondern mindestens ebenso sehr nach ihrem Duft. Mit der Zeit wird der Geruchsinn des Blumenliebhabers (falls er wirklich ein »Amant«, ein Liebhaber ist) fast stärker als das Gesicht, und dann entsteht ein ganz neuer Garten – einer, den die Nase ordnet.

Der Duft der Federnelken mischt sich wunderbar mit dem der Pfingstrosen, auch Goldregen und Rosen vermählen sich gut mit ihnen. Flieder tut ihnen weh, zumal wenn er im Verblühen ist, die Glyzinie schlägt sie tot, und wenn Taglilien in der Nähe stehn, riecht es ausschließlich nach parfümiertem Pudel.

Auf die Frage, warum er niemals Pfingstrosen für seine Vasen ins Haus nehme, antwortete ein Gartenfreund: »Unmöglich! Nachts werden sie wild!«

Er sagte es leise, als spräche er von Gespenstern.

Das Wesen der Pfingstrose: Trägheit, aus schwermütigem Leichtsinn geboren. Im Grund ist sie eine Odaliske, die unsere Zivilisation überzüchtet und verdorben hat.

Sie will nicht tief gepflanzt sein und wartet nach der Pflanzung gern ein Jahr und länger, bis sie blüht.

Die Stammeltern, der Mann (ein richtiger Mann) rot, die Frau (eine richtige Frau) weiß, finden sich in allen Bauerngärten. Sie zeigen die Vorzüge der Sippe, jedoch unverdünnt, unvermischt und so kräftig, daß die Metzger sie gern in ihre Schaufenster stellen.

Der Schweinskopf verträgt sich nicht schlecht mit ihnen, zumal wenn er mit Lorbeerblättern geschmückt ist.

THEODOR FONTANE
Ein Apothekergarten

Ja, dieser Hof! An drei Seiten war er von allerhand Baulichkeiten eingefaßt; an der vierten aber zog sich ein mit Eisenspitzen besetzter hoher Bretterzaun hin, an dem entlang und in Höhe noch weit über ihn hinauswachsend, prächtiges Buchenklafterholz dicht aufgeschichtet lag, ein Anblick, der mich bei meiner Spiel- und Kletterlust gleich im ersten Augenblick erkennen ließ: Hier ist's gut sein.

Und was von dem Hofe galt, galt auch, und womöglich noch gesteigert, von dem in einem rechten Winkel angelegten, also einen Knick machenden Garten, der durch eben diesen Knick aus zwei gleich großen Teilen bestand. Die erste Hälfte, mit Reseda und Rittersspornbeeten, mit Rabatten und Rondells und nicht zum letzten mit allerhand am Spalier gezogenen Obstarten besetzt, war ein richtiger Garten, während die zweite Hälfte mehr einer Wildnis glich. Aber freilich einer sehr malerischen. An ein paar schon vom Winde gebeugten und deshalb schrägstehenden und die verwunderlichsten Linien aufweisenden Zäunen entlang zogen sich hier die Himbeer- und Johannisbeersträucher in geradezu wuchernden Massen, bis ganz zuletzt ein schon auf Nachbars Seite stehender und an Größe fast einem Baume gleichender Berberitzenstrauch seine mit den prächtigsten roten Früchten überdeckten Zweige herüberreichte. Diese zweite Gartenhälfte war unser Reich. Da spielten wir halbe Tage lang und legten Burgen an, oder turnten am Reck, oder brachen Planken aus dem Zaun und zogen auf Raub in die Nachbargärten. Schöner aber

als alles das war, für mich wenigstens, eine zwischen zwei Holzpfeilern angebrachte, ziemlich baufällige Schaukel. Der quer überliegende Balken fing schon an morsch zu werden, und die Haken, an denen das Gestell hing, saßen nicht allzu fest mehr. Und doch konnt' ich gerade von dieser Stelle nicht los und setzte meine Ehre darin, durch abwechselnd tiefes Kniebeugen und elastisches Wiederemporschnellen die Schaukel derartig in Gang zu bringen, daß sie mit ihren senkrechten Seitenbalken zuletzt in eine fast horizontale Lage kam. Dabei quietschten die rostigen Haken, und alles drohte zusammenzubrechen. Aber das gerade war die Lust, denn es erfüllte mich mit dem wonnigen und allein das Leben bedeutenden Gefühle: Dich trägt dein Glück.

JOHANN WOLFGANG VON GOETHE

Verpflanze den schönen Baum

Verpflanze den schönen Baum,
Gärtner! er jammert mich;
Glücklicheres Erdreich
Verdiente der Stamm.

Noch hat seiner Natur Kraft
Der Erde aussaugendem Geize,
Der Luft verderbender Fäulniß,
Ein Gegengift, widerstanden.

Sieh! wie er im Frühling
Lichtgrüne Blätter schlägt;
Ihr Orangenduft
Ist dem Geschmeiße Gift.

Der Raupe tückischer Zahn
Wird stumpf an ihnen,
Es blinkt ihr Silberglanz
Im Sonnenscheine.

Von seinen Zweigen
Wünscht das Mädchen
Im Brautkranze;
Früchte hoffen Jünglinge.

Aber sieh! der Herbst kommt,
Da geht die Raupe,
Klagt der listigen Spinne
Des Baums Unverwelklichkeit.

Schwebend zieht sich
Von ihrer Taxuswohnung
Die Prachtfeindin herüber
Zum wohlthätigen Baum,

Und kann nicht schaden,
Aber die Vielkünstliche
Ueberzieht mit grauem Ekel
Die Silberblätter.

Sieht triumphirend,
Wie das Mädchen schauernd,
Der Jüngling jammernd
Vorübergeht.

Verpflanze den schönen Baum,
Gärtner! er jammert mich.
Baum, danke dem Gärtner,
Der dich verpflanzt!

Der Schatten

Da ich heut morgen im Garten saß –
Die Bäume standen in blauer Blüh,
Voll Drosselruf und Tirili –
Sah ich meinen Schatten im Gras,

Gewaltig verzerrt, ein wunderlich Tier,
Das lag wie ein böser Traum vor mir.

Und ich ging und zitterte sehr,
Indes ein Brunnen ins Blaue sang
Und purpurn eine Knospe sprang,
Und das Tier ging nebenher.

JUSTUS MÖSER
Das englische Gärtchen

Was das für eine Veränderung ist, meine liebe Großmama! Sollten Sie jetzt Ihre kleine Bleiche, worauf Sie in Ihrer Jugend so manches schöns Stück Garn und Linnen gebleichet – sollten Sie den Obstgarten, worin Sie, wie Sie mir oft erzählet haben, so manche Henne mit Küchlein aufgezogen – sollten Sie das Kohlstück, worauf der große Baum mit den schönen rotgestreiften Äpfeln stand – suchen, nichts von dem allen würden Sie mehr finden. Ihr ganzer Krautgarten ist in Hügel und Täler, wodurch sich unzählige krumme Wege schlängeln, verwandelt; die Hügelgen sind mit allen Sorten des schönsten wilden Gesträuches bedeckt, und auf unsern Wiesen sind keine Blumen, die sich nicht auch in jenen kleinen Tälergen finden. Es hat dieses meinem Manne zwar vieles gekostet, indem er einige tausend Fuder Sand, Steine und Lehmen auf das Kohlstück bringen lassen müssen, um so etwas Schönes daraus zu machen. Aber es heißt nun auch, wenn ich es recht verstanden, eine Schrubbery oder, wie andre sprechen, ein englisches Boskett. Ringsherum geht ein weißes Plankwerk, welches so bunt gearbeitet ist wie ein Drellmuster, und mein Mann hat eine Dornhecke darum ziehen lassen müssen, damit unsre Schweine sich nicht daran reiben mögten. Von dem auf der Bleiche angelegten Hügel kann man jetzt zwei Kirchtürme sehen, und man sitzt dort auf einem chinesischen Kanapee, worüber sich ein Sonnenschirm von verguldetem Bleche befindet. Gleich dabei soll jetzt auch eine chinesische Brücke, wozu mein Mann das neueste Modell aus England erhalten, angelegt und ein eigner Fluß dazu ausgegraben werden, worin ein halb Dutzend Schildkröten, die bereits fertig sind, zu liegen kommen werden.

Jenseits der Brücken, gerade da, wo der Großmama ihre Bleichhütte war, kommt ein allerliebster kleiner gotischer Dom zu stehn, weil mein Mann Gotherich Dom heißt. Wie ich vermute, hat er diese Idee aus dem Garten zu Stowe genommen, worin der Lord Tempel so viele Tempel angelegt hat. Der Dom wird zwar nicht viel größer werden als das Schilderhäusgen, worin der Onkel Toby mit dem Korporal Trim (doch Sie werden dieses nicht verstehn, Sie haben den Tristram Shandy nicht gelesen) die Belagerungen in seinem Garten kommandierte. Aber die gotische Arbeit daran wird doch allemal das Auge der Neugierigen an sich ziehen, und oben drauf kommt ein Fetisch zu stehen. Kurz, Ihr gutes Gärtgen, liebe Großmama, gleicht jetzt einer bezauberten Insel, worauf man alles findet, was man nicht darauf suchet, und von dem, was man darauf suchet, nichts findet. Mögten Sie doch in Ihrem Leben noch einmal zu uns kommen und alle diese Hexereien mit ansehen können! Sie waren sonst eine so große Bewundererin der Bären und Pfauen von Taxus, womit in Ihrer Jugend die fürstlichen Gärten geschränkt waren. Was für ein Vergnügen würde es Ihnen nun nicht sein zu sehen, durch was für erhabene Schönheiten diese altfränkischen Sachen verdrängt worden! Sie müssen aber bald kommen; denn wir werden noch vor dem Winter nach Schevelingen reisen, um den englischen Garten zu sehen, welchen der Graf von Bentink dort auf den Sanddünen angelegt hat. Alles, was die Größe der Kunst dort aus den elendesten Sande gemacht hat, das denkt mein Mann, müsse auf einem guten Ackergrunde gewiß geraten; und er bedauret nichts mehr, als daß er die Sandhügel so mühsam anlegen muß, welche dort die See aufgespület hat. Von Schevelingen gehen wir dann vielleicht nach England, und so weiter nach China, um die große eiserne Brücke, den porzellanen Turm von neun Stockwerken und die berühmte Mauer in Augenschein zu nehmen, nach deren Muster mein Mann noch etwas hinten bei dem Stickbeerenbusche, wo Sie Ihre Krausemünze stehen hatten, anzulegen gedenket. Wenn Sie aber kommen, so bringen Sie uns doch etwas weißen Kohl aus der Stadt mit, denn wir haben hier keinen Platz mehr dafür. Ich bin in der ungeduldigsten Erwartung &c. Anglomania Domen.

Die Schnecken

Rötlich dämmert es im Westen,
Und der laute Tag verklingt,
Nur daß auf den höchsten Ästen
Lieblich noch die Drossel singt.

Jetzt in dichtbelaubten Hecken,
Wo es still verborgen blieb,
Rüstet sich das Volk der Schnecken
Für den nächtlichen Betrieb.

Tastend streckt sich ihr Gehörne.
Schwach nur ist das Augenlicht.
Dennoch schon aus weiter Ferne
Wittern sie ihr Leibgericht.

Schleimig, säumig, aber stete,
Immer auf dem nächsten Pfad,
Finden sie die Gartenbeete
Mit dem schönsten Kopfsalat.

Hier vereint zu ernsten Dingen,
Bis zum Morgensonnenschein,
Nagen sie geheim und dringen
Tief ins grüne Herz hinein.

Darum braucht die Köchin Jettchen
Dieses Kraut nie ohne Arg.
Sorgsam prüft sie jedes Blättchen,
Ob sich nichts darin verbarg.

Sie hat Furcht, den Zorn zu wecken
Ihres lieben gnädgen Herrn.
Kopfsalat, vermischt mit Schnecken,
Mag der alte Kerl nicht gern.

LEO TOLSTOI

Der Gärtner und seine Söhne

Ein Gärtner wollte seine Söhne zum Gartenbau erziehen. Als er im Sterben lag, rief er sie zu sich und sagte: »Hört, Kinder, wenn ich gestorben bin, dann sucht im Weingarten nach, da ist etwas versteckt.«

Die Söhne glaubten, daß dort ein Schatz liege, und als der Vater gestorben war, gruben sie den ganzen Garten um und um. Einen Schatz fanden sie nicht, doch die Erde im Weingarten hatten sie so gründlich umgegraben, dass die Ernte bedeutend besser ausfiel als früher.

Und sie wurden reich.

Weimar den 23. April 1829

Nun aber, da noch Raum übrig ist, wird es Sie gewiß interessiren, zu erfahren, wie es mit der Pflanzenwelt bey uns aussieht: die Schneeglöckchen wuchsen etiolirt unter dem Schnee und gaben keine erfreuliche Blüte; die Crocus kamen zu rechter Zeit, wurden aber durch gewaltsame Regen niedergeschlagen. Den 7. April zog ein großes Gewitter herauf; der Regen wüstete gar sehr, ein Wandernder ward auf freyem Felde erschlagen. Jetzt stehen die Kaiserkronen, mit denen ich etwas chinesisch meinen Garten verziert habe, in völliger Pracht; sie kamen nicht zu früh und litten nicht im Wachsthum. Die gelbrothen stehen in völliger Blüthe, die hellgelben noch nicht, wie diese denn überhaupt einen schwächern Wachsthum zeigen (wobey ich bemerke, daß die violetten und weißen Crocus später als die hochgelben hervortreten; die mehr energische Farbe deutet auf ein rascheres, ja selbst mehr charakteristisches Leben). Dieß alles ereignet sich vor meinem Fenster, wo denn auch Knospen der Zwergmandel sich zu röthen anfangen. Die grünen Wunderhäupter der monstrosen Tulpen fangen an sich zu färben, und die Knospen der Birnbäume sind im Begriff sich aufzuschließen. Zugleich kommt der alte Pflanzen- und Kräutermann von Ziegenhayn und bringt die Rediten der Flora Jenensis von Ruppe's Zeiten und wer weiß wie lange her, welche mich noch jedes Frühjahr seit mehr als 50 Jahren heimsuchen. Zum scherzhaften Zeugniß der heutigen Lection lege seine Zettelchen bey; sie mögen zum Beweis dienen, daß die Pflanzenluft noch immer um mich her lebendig ist.

SARAH KIRSCH
Erdreich

Nachrichten aus dem Leben der Raupen
Der Kuckuck stottert und die gebackenen Beete
Zerreißen sich wenn ich Gießkannen schleppe
Die mir überantworteten Gewächse verlausten Gemüse
Hilflos betrachte, als ich vor Jahren
In meines Vaters Garten ging
Gab es die siebfachen Plagen
Höllisches Ungeziefer nicht und der Boden
Tat noch das Seine, der hier
Ist ein Aussteiger niederträchtig und faul
Ihn muß man bitten den Dung
Vorn und Hinten einblasen sonst bringt er
Nicht maln Pfifferling vor was müssen die Menschen
Das Erdreich beleidigt haben, mir erscheint
Siebenundzwanzig Rosenstöcke zu retten
Ein versprengter Engel den gelben Kanister
Über die stockfleckigen Flügel geschnallt
Der himmlische Daumen im Gummihandschuh
Senkt das Ventil und es riecht
Für Stunden nach bitteren Mandeln.

Vaters Garten

Neben und hinter dem Haus, bis zur Stadt-
mauer, war noch Platz zu einem Garten.
Dieser wurde im darauffolgenden Frühjahr
angelegt. Es wurden Bäume gepflanzt und
die Rabatten mit Blumen ausgesteckt, deren
Aufblühen wir kaum erwarten konnten.
Der Vater war besonders geschickt, Plätze
zu entdecken und anzulegen, wo man allein,
andere wieder, wo man in Gesellschaft sitzen
konnte. Der Garten hatte eine Terrasse und
wurde eingeteilt in den oberen und in den
unteren Garten. Im oberen Garten wurde
ein Laubgang angelegt, zuerst mit schnell
wachsendem und bald Schatten gebendem
Gesträuch bepflanzt; daneben wurden aber
Reben gesetzt, die uns später noch besseren
Schatten und köstliche Trauben brachten.
Dort wurde sommers meistens zu Mittag
gespeist. Auch am Haus hinauf wurden Reben
gezogen, von welchen es bald ganz umwach-
sen war. Für jede Tageszeit war wieder ein
besonders angenehmer Platz vorhanden. Wir
waren mehr im Garten als im Haus und führ-
ten ein wunderschönes Leben. Ich sehe den
Garten noch vor mir, wie er damals war, mit

seinen vielen Blumen, Rittersporn, Schneeballen, Balsaminen, Levkojen und Postknechten, Theobalds Lieblingsblumen. Von allen diesen Blumen sehe und rieche ich keine, ohne daß der Garten in seiner ganzen Pracht von damals vor mir steht. Die meisten derselben sind jetzt aus der Mode, aber mir noch die liebsten durch die Erinnerung. In der Mitte des unteren Gartens stand eine Kugelakazie, damals war die Form derselben, wenigstens in Weinsberg, etwas ganz Neues, und als der Baum an einem Sonntag morgen vollends in der schönsten Blüte prangte, blieb alles stehen, um ihn zu bewundern. Der Vater hatte ihn noch spät abends mit Feuerlilien besteckt, eine Verschönerung, an der er selbst die größte Freude hatte und die er in der Folge noch öfter wiederholte, selbst als der Betrug längst entdeckt war.

AUGUST HEINRICH HOFFMANN VON
FALLERSLEBEN

Der Blumist

Wieder muss ich jeden Morgen
Eilig in den Garten gehn:
's ist die erste meiner Sorgen,
Meine Blumen zu besehn.

Welche Lust, wenn's grünt und sprießet,
Wenn ein Blümchen über Nacht
Schüchtern seinen Kelch erschließet
Und dann blüht in voller Pracht!

Frühling, gieb uns deinen Segen!
Gieb zu fröhlichem Gedeihn
Deinen Sonnenschein und Regen
Unsern lieben Blümelein!

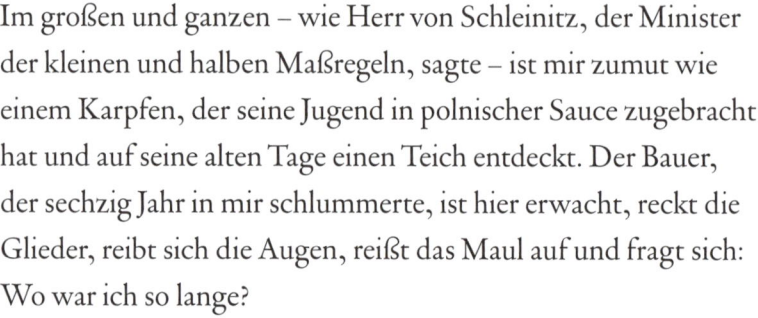

Im großen und ganzen – wie Herr von Schleinitz, der Minister der kleinen und halben Maßregeln, sagte – ist mir zumut wie einem Karpfen, der seine Jugend in polnischer Sauce zugebracht hat und auf seine alten Tage einen Teich entdeckt. Der Bauer, der sechzig Jahr in mir schlummerte, ist hier erwacht, reckt die Glieder, reibt sich die Augen, reißt das Maul auf und fragt sich: Wo war ich so lange?

Ich habe Schlösser bewohnt mit herrlichen Parkanlagen, voll blühender Büsche und Blumenrabatten; Bediente trugen Kaffee-bretter mit Frühstück darauf vor mir her auf Terrassen, wo es zog und wo die Sonne von ungeschickten Astronomen irregeleitet zur unrechten Zeit hinschien, breite Kieswege kannten meinen Tritt wie die Blinden von Genua Fiescos, ich sah die Alpen und das Meer, Felder von Lavendel, Myrten und Thymian ohne Jungfernkranz – gefreut aber hat mich nichts wie dieser kleine Platz in meinem kleinen Garten, der schon verwilderte, bevor er ein Garten war, wo ich im Schatten meines Ahorns sitze – meines Ahorns, wie ich auch sagen kann: meine Linde und mein Nuß-baum, das ist mein Nußbaum, das ist mein ganzer Wald – gemei-ner Flieder – Spezies: Käthchen von Heilbronn überragt Urwälder von Brennesseln, wo das Nachtpfauenauge noch als schwarze Raupe lebt, und Mauerwerk allen Mörtels ledig – schaut ziegelrot darein.

Seit einer Stunde trippelt ein kleiner Vogel um mich herum und pickt Würmer von Grasspitzen auf, die sich kaum davon biegen.

Wenn die Goldammern nichts dagegen haben, sag ich, es wäre eine, wegen seines Kopfes, der so gelb ist wie Kremnitzer Dukaten, die sich wegen des Vergleichs geschmeichelt fühlen können, wenn sie nicht gerade wegen ein bißchen Agio hochmütig sind. Möglich aber, daß er unter einem anderen Namen in der Weltgeschichte berühmt wurde.

Vor mir liegt ein schwarzer, schmaler Erdstreifen mit grünen Punkten. Den Salat hab ich gestern abend gepflanzt und begossen. Ich war dazu, wie die Feuerwehr, mit meinem ganzen Harem, Cilli und Tilli, ausgerückt und leitete den Schlauch meiner Gartenspritze, ein mechanisches Kunstwerk, dessen Präzision jeden unwissenschaftlichen Landregen beschämt. Die Wolken sind ernstlich betroffen und ziehen sich schüchtern zurück. Diese Leistung verhält sich zu einem Gewitter, wie der Achtundvierziger Feldzug gegen Dänemark, der jenseits der schleswigschen Grenze kein Blut vergoß, zu der Hunnenschlacht. Es fällt kein Tropfen Wasser anderswohin als auf Petersilie, Sellerie und Häuptelsalat. Es ist Wasser unter der Pickelhaube: strategisch, taktisch und sittlich. Einige Franktireurs-Gießkannen liegen, infam kassiert, im Grase, sogar vom Schnittlauch verachtet. Mein Hausstand ist um drei Hunde und einen aus dem Neste gefallenen Star – nicht Adolf – vermehrt. Alle noch sehr jung. Der Star läuft im Haus frei herum, schreit entsetzlich, sperrt beständig seinen Gelbschnabel auf und wird gefüttert, indem man ihm geweichte Semmel hineinstopft. Wenn er den Kropf voll hat, steckt er den Kopf unter den Flügel und schreit noch im Schlafe – ihm träumt von einer Semmel.

PETER HORST NEUMANN

Als sie nach einer Sommerreise ihren Garten wiedersah

Die unter Wunden
aufgesteckte Brombeerhecke
wuchs über sich hinaus,
mit Stachelschlangen
sind die Wege überschossen,
dein Fleiß vergessen,
deine Ordnung überlebt.

Verbrüdert wuchert Kresse
zwischen Bohnen, die Zwiebeln
haben sich mit Wicken
überworfen, der kleine Kürbis
stieg den Baum hinauf,
läßt seine Kugeln bei den Äpfeln
leuchten.

Sich zu verwüsten –
Lust der Gärten. Wenn
du dich freuen könntest,
Gärtnerin. Die Bombe
vom Tomatenstrauch
fällt weich.

Wir werden heute nicht zum garten gehen …

Wir werden heute nicht zum garten gehen
Denn wie uns manchmal rasch und unerklärt
Dies leichte duften oder leise wehen
Mit lang vergessner freude wieder nährt:

So bringt uns jenes mahnende gespenster
Und leiden das uns bang und müde macht.
Sieh unterm baume draußen vor dem fenster
Die vielen leichen nach der winde schlacht!

Vom tore dessen eisen-lilien rosten
Entfliegen vögel zum verdeckten rasen
Und andre trinken frierend auf den pfosten
Vom regen aus den hohlen blumen-vasen.

CHRISTA WOLF

Pusteblumenfallschirmchen

… Denn Vater sprach am Zaun mit dem Gartennachbarn.
Was man so sagt: Wie? Sie wollen die wilden Reizker an
Ihren Tomaten noch mehr kappen? Das kann doch nicht Ihr
Ernst sein! Wir hörten dem Streit mit überheblichem Vergnügen zu, wie man auf etwas hört, was einen nicht wirklich
angeht. Übrigens gaben wir dem Vater recht. Aus Prinzip,
und weil der Nachbar im Frühjahr unseren letzten Respekt
verloren hat, als er in vollem Ernst verlangte, das Kind solle
all die mindestens sechshundert gelben Butterblumen in
unserem Garten abpflücken, damit sie nicht zu Pusteblumen
werden und als Samen sein akkurat gepflegtes Grundstück
bedrohen konnten. Wir hatten viel Spaß an dem Gedanken:
Armeen von Pusteblumenfallschirmchen – sechshundert
mal dreißig, grob gerechnet – treiben eines Tages in einem
freundlichen Südwestwind auf des Nachbars Garten los, und
er steht da, ächzend, weil er zu dick wird, bis an die Zähne
mit Hacke und Spaten und Gartenschlauch bewaffnet, seinen
Strohhut auf dem Kopf und seinen wütenden kleinen schwarzen Köter zu seinen Füßen; aber sie alle zusammen richten
nichts aus gegen die Pusteblumensamen, die gemächlich
herbeisegeln und sich niederlassen, wo sie eben abgesetzt
werden ohne Hast und ohne Widerstreben, denn das bißchen
Erde und Feuchtigkeit, um erst mal Fuß zu fassen und einen
winzigen Keim zu treiben, findet sich allemal.
Wir waren ganz und gar auf seiten der Pusteblumen.

Besitz

Großer Garten liegt erschlossen,
Weite schweigende Terrassen:
Müßt mich alle Teile kennen,
Jeden Teil genießen lassen!

Schauen auf vom Blumenboden,
Auf zum Himmel durch Gezweige,
Längs dem Bach ins Fremde schreiten,
Niederwandeln sanfte Neige:

Dann, erst komme ich zum Weiher,
Der in stiller Mitte spiegelt,
Mir des Gartens ganze Freude
Träumerisch vereint entriegelt.

Aber solchen Vollbesitzes
Tiefe Blicke sind so selten!
Zwischen Finden und Verlieren
müssen sie als göttlich gelten.

All in einem, Kern und Schale,
Dieses Glück gehört dem Traum …
Tief begreifen und besitzen!
Hat dies wo im Leben Raum? …

ARNO HOLZ

Hinter einem alten Bretterzaun

Hinter
einem alten,
windschief krumpeligen, grauen, krustelig flechtenbunten,
nach … Teer,
ausgeschwitztem Harz und praller, dicker, brütendster
Sommersonne
duftenden Bretterzaun,
durch
den sich mit dürren,
rissigen, schwarzgrün knorrigen
Ästen,
fettblätterig, zackfiederig,
breittellerig,
mitten
ein Holunderbusch
drängt,
träumt am Weg … ein Gartchen.

Auf
Spitzzehen,
kaum daß ich mich mit meinen beiden Händen noch so
eben gerade halten kann,
kucke ich … hinüber.
Feuerlilien, Türkenbund,
tiefblauer,
mannshoher, schlankstolzer
Rittersporn,
Flammenblumen, Federnelken,
Stockrosen,
Löwenmaul, Fuchsschwanz, Hahnenkamm
blühen
wild durcheinander!

Drei schmale,
verrutschte, ausgetretene
Steinstufen,
aus deren klaffenden Fugen dickbüschelig sich Gras zwängt,
führen
in eine niedere,
türlos, gähnend, lehmbodig
offene,
schon halb verfallene
Mooskate,
deren
morsche vier Fensterläden
nur noch
knapp in ihren verrosteten Angeln hängen.

Zu Thaers Jubelfest, dem 14. Mai 1824

Wer müht sich wohl im Garten dort,
Und mustert jedes Beet?
Er pflanzt und gießt und spricht kein Wort,
So schön auch alles steht.
Das er gepfropft und okuliert,
Mit sichrer, kluger Hand,
Das Bäumchen zart ist anspaliert,
Nach Ordnung und Verstand.

Doch sagt mir, was es heißen soll?
Warum ist er so still?
Man sieht, ihm ist der Kopf so voll,
Daß er was andres will.
Genug, ihm wird nicht wohl dahier,
Ich fürcht, er will davon;
Er schreitet nach der Gartentür,
Und draußen ist er schon.

Im Felde gibt's genug zu tun,
Wo der Befreite schweift;
Er schaut, studiert und kann nicht ruhn,
Bis es im Kopfe reift.
Auf einmal hat's der Biedre los,
Wie er das Beste kann;
Nicht ruhen soll der Erdenkloß,
Am wenigsten der Mann!

Der Boden rührt sich ungesäumt
Im Wechsel jedes Jahr,
Ein Feld so nach dem andern keimt
Und reift und fruchtet bar;
So fruchtet's auch von Geist zu Geist
Und nutzt von Ort zu Ort.
Gewiss, ihr fragt nicht, wie er heißt,
Sein Name lebe fort!

Frisch umgegrabenes Land im Frühling

Kein dunckel-brauner Samm't, in welchen sich das Licht
Auf eine sanffte Weise sencket,
Erfüllt mit solcher Lust das Menschliche Gesicht;
Als, wenn man Aug' und Sinnen lencket,
Auf ein frisch umgegrabnes Land,
Und dessen Dunckelheit den Blick und den Verstand
Mit Licht und Luft erfüllt, wenn man es recht bedencket.
Der noch nicht durch die Lufft heraus gezogne Safft
Entdeckt uns gleichsam selbst die Krafft,
Die Fettigkeit, die Fruchtbarkeit der Erden.
Ach GOTT, so offt wir dies im Frühling sehn,
Gieb, daß es mag zu Deinem Ruhm geschehn!
Die, durch des Gärtners scharffen Rechen,
So glatt gemacht und ebne Flächen
Vergnügen unsern Blick, der sanfft darüber schiesset,
Wobey er denn besondrer Lust geniesset,
Wenn etwan hier und dort,
Ein Stückchen Glas, an einem andern Ort
Ein' Scherb', und dort ein glatter Stein,
Den Gegenwärt'gen Sonnen-Schein
Im Wiederprallen zeigt. Der Glantz, das helle Blitzen,
Bald vom Glasur, bald von den Spitzen,
Erhoben durch das dunckle Land,
Lässt fast, als wenn ein sammtenes Gewand

Mit Silber hier, mit Golde dort gestickt,
Ja mit Juweelen gar geschmückt
Und ausgezieret wär'. Ich stelle mir
Die Erde dann als unsre Mutter für,
Die in ein dunckel-braun- und ehrbar-sammtnes Kleid,
Das hier und dar jedoch mit mancher Kostbarkeit,
Mit Schimmer-Glantz und Schein erfüllet,
Sich gleichsam prächtig eingehüllet.
Laß dies, was ich gesagt, dir nicht zu prächtig düncken,
Denn alle deine Pracht, Juwelen, Silber, Gold,
Der du allein mit solchem Eifer hold,
Ihr heller Glantz, ihr glattes Blincken,
Ist an sich selbst nicht heller und nicht grösser,
Ja sie sind an sich selbst, bedenckt mans recht, nicht besser.
Dein Will und deine Noth giebt ihrem Schein,
Die Kostbarkeit und ihren Wehrt allein.
Indem ich also stand und dacht',

Erblickt ich daß des Kleides dunckle Pracht,
Noch mehr geschmückt und schöner noch gezieret,
Mit schönem Ranckenwerck brodiret
Und recht durchwircket war.
Mein Gärtner hatte hier und dar
Den braunen sammtenen Talar
Mit netten Laubwerck schön gestickt,
Und ihn mit zarten Laub geschmückt,
Da er von jungen Erbs- und Bohnen
Die Pflantzen, welche er im Winter aufgebracht,
Bald hier bald dar verpflantzt. Der grünen Farbe Pracht
Zumahl,
Wenn durch das zarte Laub der helle Sonnen-Strahl,
Mit holdem Schimmer drang, war so vortrefflich schön,
So klar so lieblich anzusehn,
Absonderlich auf dem so duncklen Grunde;
Daß ich, dadurch gerührt, mit Hertz und Munde,
Dem grossen Schöpfer aller Dinge,
Ein frölich Frühlings-Lied gleich an zu singen finge.

Mein Garten

Mein Garten, der durchaus nicht mein ist, ist auf jeden Fall eine
sehr kleine Einrichtung, wie ein Garten zum Hausbedarf sein
soll, wenn man nicht einen Gärtner haben will. Mit achtzehn
Schritten nehme ich ihn in der Länge und mit gleich vielen in der
Breite, so daß er wohl eine Fläche von ein Dreißigstel Hektar haben kann. Das Erdreich ist sanduntermischter Steinkies, mit wenig Moorhumus, und da der Grund noch vor kurzem Grasmatte
war, ist die Quecke im Überfluß vorhanden. Der Quecke könnte
ich wohl den Tod antun, aber ich habe auch Nachbarn: einen, der
Hofbesitzer ist, einen, der Pächter ist, und beide betreiben eine
großartige Distelkultur auf beiden Seiten; und welcher Wind
auch weht, ich habe Distelsamen bei mir. Aber meine Nachbarn
halten auch Hühner, deren Hähne ihren Kampfplatz in meinen
Garten verlegen; und sie haben auch einen Hund, der auf Garten-
erdbeeren geht, aber nicht auf Singvögel; eine garstige Hündin,
die keinen Fisch frißt, aber vor den roten Johannisbeeren steht!
Sie haben auch Kinder, die Nachbarn, aber mit den Kindern ist
es eine eigene Sache, die kann man bestechen, wenn man sie auch
nicht dressieren kann. Wenn der Monat März kommt mit etwas

Sonne auf den Straßen und Doppelfenstern Stockholms, so kaufe ich von meinem Gewürzkrämer einige niedrige Seifenkästen oder dergleichen und vom nächsten Gärtner einige Metzen Erde. Und in die Kästen säe ich meine Pflanzen zum Sommer, denn mein Garten hat auch den Nachteil, eine Seemeile vom Gärtner abzuliegen, und ich würde ein Königreich für ein Pferd geben müssen, das es draußen nicht gibt; das für Mistbeete unentbehrliche Pferd! Doch ich säe nur das Allernotwendigste; und dazu rechne ich Salat, Blumenkohl, Zuckerhutkohl. In verschiedene kleine Töpfe lege ich Melonen- und Gurkenkerne, denn die werden ohne Erdkloß nur mit großem Zeitverlust umgepflanzt. In der Blumenabteilung befasse ich mich nur mit Levkojen und Reseda, da die andern sich leicht an Ort und Stelle säen lassen und dort am besten gedeihen. Wenn jetzt die Stadtsonne sehr eifrig ist, schießen meine Pflanzen ins Kraut und neigen sich dem Fenster zu. Da nehme ich sie auf, schneide die Pfahlwurzeln ab und setze sie bis zum Herzblatt nieder, worauf sie wieder schießen, jetzt aber solider als früher. Und wenn ich Anfang Mai hinausziehe, habe ich meine Schützlinge in besonders eingerichtete Kästen eingepackt; was beschwerlich ist und ein wenig teuer, aber nicht so beschwerlich wie zwei Seemeilen rudern, und nicht so dumm wie ein Pferd kaufen, wo es keine Fahrwege gibt.

Wenn ich hinauskomme, stehen meine Narzissen, Tulpen und Krokusse in Flor, aber es ist zu früh, um schon zu pflanzen, und die Pflanzen müssen abgehärtet werden. Da stelle ich meine Kästen in einen trockenen Graben und lege ein herausgenommenes Doppelfenster darauf. Die Doppelfenster sind meine Erfindung, und mit ihnen tue ich Wunder.

Nachdem ich meine Herbstpflanzungen von Obstbäumen, Beerenbüschen, Syringen und Jasmin wiedergesehen habe, gehe ich ans Werk mit der Frühsaat. Petersilie habe ich vom vorigen Jahre unter Fichtenbüschen stehen, aber ich muß für den Spätsommer und nächstes Jahr neue säen. Nun sind Petersilie und Dill sehr träge Gewächse, und darum begieße ich den Samen mit Wasser und einigen Tropfen Salzsäure, wodurch ich vierzehn Tage gewinne, während diese Faultiere sonst sechs Wochen in der Erde liegen können. Wenn ich säen will, gehe ich zuerst zum Viehstall hinauf hinter eine Ecke, wo mich niemand sieht, und hole die große Wasserkanne voll Purin, wie es französisch heißt, und damit begieße ich mein Beet; dann säe ich. Radieschen, Petersilie und Spinat säe ich dicht, weil die vielen Blätter den zum Feuchthalten erforderlichen Schatten geben. Dann siebe ich Erde über den Samen. Die Radieschen plätte ich, weil die in loser Erde in krummen Winkeln wachsen und sich in Krümmungen legen. Den Spinat trete ich nieder. Damit nun nicht die Vögel unter dem Himmel kommen und den Samen auffressen, und die Hunde und Hühner ihn nicht aufkratzen, lege ich abgestreifte Fichtenzweige darauf; jedoch gut abgestreift, denn mit den Nadeln kommt Unordnung und Schimmel.

Salat säe ich in Reihen und dünn; Dill lege ich am liebsten ins Kohlfeld, weil er dort am billigsten den Schatten und die Feuchtigkeit, die er liebt, bekommt. Einzeln gesäet, schießt er ins Kraut und wird schwächlich. Nun habe ich das Erdbeerfeld geschaufelt, das gelinde mit Laub bedeckt war, und in den Spargelbeeten gescharrt, die Rabatten umgegraben und jeglichen Blumensamen eingelegt, so daß ich zur Bereitung des Gurkenbeetes schreiten kann. Zu dem Ende grabe ich eine Grube in der Größe von vier Doppelfenstern, was nicht mehr als dreieinhalb Ellen lang und eineinhalb breit ist, da die Fenster der Bauernhütte sehr klein sind. Sodann nagele ich einen Rahmen von vier Brettern zusammen, und in die Grube lege ich Spreu, Heusamen, Laub, Fichtenreiser und Dungstreu, gieße einige Eimer heißes Wasser über alles und fülle trockene gesiebte Humuserde darauf. Das ist das Beet, in das ich meine sechs Gurkenpflanzen setze, und es ist nicht so schlecht, denn auf dem kleinen Flecken von der Größe eines Eßtisches habe ich Gurken vom Monat Juli bis in den Herbst hinein geerntet; und zwar in solcher Menge, daß es für mein Haus und für das der Ureinwohner und ihrer Freunde reichte, und daß noch zum Einsalzen einige übrig blieben; alles in allem einer halben Tonne entsprechend.

Den Krieg gegen den Nordwind führte ich sonst mit Bastmatten, die auf Stöcken aufgesteckt wurden, hinter den Artischocken zum Beispiel, die sich dadurch besonders wohl befanden. Und ich habe später auf dem Lido vor Venedig den Wein draußen auf dem flachen Lande durch Reisigdecken gegen den alles durchdringenden Boreas schützen sehen. Die Methode ist im übrigen sehr in China im Schwange, wo die ersten Gärtner der Welt wohnen, von denen die Japaner die Gartenkunst wie so vieles andere gelernt haben. Der Kampf gegen die Quecke kann nur auf eine Weise geführt werden: mit anhaltender, niemals ermüdender

Wachsamkeit und Arbeit, und doch ist der Sieg sehr ungewiß. Sie plänkelt unter der Erde, schickt einen Plänkler da hinauf, wo man ihn am wenigsten erwartet, und wenn man sie von Posten zu Posten gejagt hat, verschanzt sie sich in einem Erdbeerhügel oder mitten in der dichten Petersilie, und da kann man ihr nicht beikommen. Sie ist schlimmer als der Bandwurm: Reißt man von dem Stück für Stück ab, so lebt er, bis der Kopf mitkommt, doch die Quecke hat keinen Kopf.

Das beste Mittel gegen die Quecke ist immer noch das, daß man sein Land selbst gräbt, wie man selbst der beste Knecht ist bei allem Gartenbau. Eines Frühlings nahm ich einen Knecht, um meine Erde zu graben. Es war ein flinker Mann, und er war in einem Tag mit allem fertig. Doch als ich säen wollte, merkte ich, daß der Mann nur die Rasenstücke umgedreht hatte. Darauf stellte ich ein Mädchen an, das es besser machen sollte. Doch sie brachte wieder einen Tag damit zu, die Schollen richtig zu wenden. Seitdem grabe ich stets selbst. Doch ich habe auch einen Wintergarten, den ich, wie der Weise, überallhin mitnehmen kann, und in dem habe ich auch einige Neuheiten eingeführt, die wohl nicht unnötig genannt werden können.

Ein jeder, der Topfgewächse beim Blumenhändler gekauft hat, hat gemerkt, wie schnell sie verblühen, wie sie dann abgetakelt dastehen und ihr elendes Leben bis zum nächsten Jahre hinschleppen. Die Ursache zu diesem betrübenden Umstand liegt darin, daß diese Pflanzen im Gewächshaus geboren und gezogen sind, mit vollem Oberlicht, reiner Luft, ohne Staub, ohne Tabaksrauch und Verbrennungsprodukte von Lampen und Lichtern. Es wird ihnen also schwer, sich dem Wohnungsraum anzupassen; und um solche fürs Zimmer geeignete Topfgewächse zu erhalten, ziehe ich sie aus Samen im Zimmer. Dabei habe ich das große Vergnügen, zu sehen, wie es wächst und zunimmt, was angenehmer ist, als eine gekaufte Blume rückwärts zu Schwindsucht und Tod gehen zu sehen!

Anfang August lege ich Samen von Levkojen, Reseda, Balsaminen und Stiefmütterchen in kleine Töpfe, die ich ans südliche Fenster stelle. In vierzehn Tagen hat der Samen in einer Mischung von Maulwurfshaufen, Lauberde, Streusand und gestoßener Holzkohle gekeimt. Doch die Pflanzen schießen heftig auf und neigen sich gegen das Fenster. Da schule ich sie, binde sie an Stöcke und wende sie unaufhörlich, so daß sie gerade werden. Nach einer Zeit von sechs Wochen seit der Schulung habe ich einen halben Fuß hohe kräftige Pflanzen, die nicht weiter der Stütze bedürfen und dem Winterzimmer angepaßt sind. Ich behalte dann die kleinen Töpfe der Erdwärme wegen und begieße mit Blumendünger. Auf diese Weise habe ich die Blumen bis Neujahr, und habe noch das Vergnügen gehabt, zu sehen, wie das Wachstum während des traurigen Herbstes andauerte, wo sonst alles zu Ruhe und Tode eingeht. So habe ich es mit meinem Wintergarten angestellt, und mit dem bin ich sehr zufrieden, vielleicht weil er mein ist!

RAINER MARIA RILKE

In der Certosa

Ein jeder aus der weißen Bruderschaft
vertraut sich pflanzend seinem kleinen Garten.
Auf jedem Beete steht, wer jeder sei.
Und einer harrt in heimlichen Hoffarten,
daß ihm im Mai
die ungestümen Blüten offenbarten
ein Bild von seiner unterdrückten Kraft.

Und seine Hände halten, wie erschlafft,
sein braunes Haupt, das schwer ist von den Säften,
die ungeduldig durch das Dunkel rollen,
und sein Gewand, das faltig, voll und wollen,
zu seinen Füßen fließt, ist stramm gestrafft
um seinen Armen, die, gleich starken Schäften,
die Hände tragen, welche träumen sollen.

Kein Miserere und kein Kyrie
will seine junge runde Stimme ziehn,
vor keinem Fluche will sie fliehn;
sie ist kein Reh.
Sie ist ein Roß und bäumt sich im Gebiß,
und über Hürde, Hang und Hindernis
will sie ihn tragen weit und weggewiß,
ganz ohne Sattel will sie tragen ihn.

Er aber sitzt, und unter den Gedanken
zerbrechen fast die breiten Handgelenke,
so schwer wird ihm der Sinn und immer schwerer.

Der Abend kommt, der sanfte Wiederkehrer,
ein Wind beginnt, die Wege werden leerer,
und Schatten sammeln sich im Talgesenke.
Und wie ein Kahn, der an der Kette schwankt,
so wird der Garten ungewiß und hangt
wie windgewiegt auf lauter Dämmerung.
Wer löst ihn los? …

Der Frate ist so jung,
und langelang ist seine Mutter tot.
Er weiß von ihr: sie nannten sie La Stanca;
sie war ein Glas, ganz zart und klar. Man bot
es einem, der es nach dem Trunk zerschlug
wie einen Krug.

So ist der Vater.
Und er hat sein Brot
als Meister in den roten Marmorbrüchen.
Und jede Wöchnerin in Pietrabianca
hat Furcht, daß er des Nachts mit seinen Flüchen
vorbei an ihrem Fenster kommt und droht.

Sein Sohn, den er der Donna Dolorosa
geweiht in einer Stunde wilder Not,
sinnt im Arkadenhofe der Certosa,
sinnt, wie umrauscht von rötlichen Gerüchen:
denn seine Blumen blühen alle rot.

Der Gärtner und die Herrschaft

Ungefähr eine Meile von der Hauptstadt stand ein alter Edelhof mit dicken Mauern, Zinnen und zackigem Giebel. Hier wohnte – freilich nur in den Sommermonaten – eine reiche, altadlige Familie. Es war der größte und schönste Hof von allen, die sie besaß; er war gut erhalten und traulich und wohnlich im Innern. Das Wappen des Geschlechts war über der Tür in Stein ausgehauen; herrliche Rosen schlangen sich bis zum Erker hinauf, und ein großer Grasplatz breitete sich vor dem Hause aus. Hier sah man Rotdorn und Weißdorn, seltene Blumen, und nicht nur in den Treibhäusern.

Die Herrschaft hatte auch einen tüchtigen Gärtner; es war eine Lust, den Blumen-, Obst- und Küchengarten zu sehen. Auch hatte sich noch ein Rest von dem alten, ursprünglichen Garten des Edelhofes erhalten; die wenigen Buchsbaumreihen waren beschnitten, so daß sie Kronen und Pyramiden bildeten. Daneben standen zwei mächtige alte Bäume: sie waren fast immer blattlos, und man konnte leicht glauben, daß ein Sturm oder eine Wasserhose sie über und über mit großen Klumpen Schlamm beworfen hätte; aber jeder Klumpen war ein Vogelnest.

Hier nistete seit undenklichen Zeiten eine Schar schreiender Raben und Krähen; es war eine ganze Kolonie, und die Vögel

waren die Herrschaften und Eigentümer, des Edelhofes ältestes
Geschlecht, also die eigentliche Herrschaft des Hofes. Keins der
Menschenkinder dort unten beachteten sie; doch duldeten sie
diese kriechenden Geschöpfe, trotzdem dieselben zuweilen mit
Büchsen unter sie schossen, daß die Schrote ihnen den Rücken
kitzelten und sie vor Schreck aufflogen und rab! rab! schrien.
Der Gärtner sagte oft zu seiner Herrschaft, sie möchte doch die
alten Bäume fällen lassen, sie sähen häßlich aus, und mit ihnen
würde man wahrscheinlich auch die krächzenden Vögel los; sie
müßten sich dann andere Nistplätze suchen. Allein die Herrschaft wollte weder die Bäume noch die Vogelschwärme aufge-
ben; es wäre etwas, was der Hof nicht missen könnte; es wäre
etwas aus der alten Zeit, und das dürfe man nicht forträumen.
»Die Bäume sind das Erbe der Vögel, laßt es sie doch behalten,
lieber Larsson.« Der Gärtner hieß nämlich Larsson; doch hat das
hier weiter nichts zu bedeuten. »Ist Euer Wirkungskreis nicht
groß genug? Habt Ihr nicht den ganzen Blumengarten, die Treib-
häuser, den Obst- und Küchengarten?«
Die hatte er, und er pflanzte und sorgte dort mit Eifer und Ge-
schick, und es wurde von der Herrschaft anerkannt; aber sie ver-
hehlte ihm nicht, daß sie bei andern Leuten Früchte gegessen und
Blumen gesehen, die alles übertrafen, was sie in ihrem Garten
hätten. Das betrübte den Gärtner; denn er wollte das Beste und
tat sein Bestes. Er war treu von Herzen und treu im Dienst.
Eines Tages ließ die Herrschaft ihn rufen und sagte ihm in aller
Güte und Herzlichkeit, daß sie vor einigen Tagen bei vornehmen
Freunden Äpfel und Birnen bekommen hatten, so saftig und
wohlschmeckend, daß sie und alle Gäste in laute Bewunderung
ausgebrochen wären. Die Früchte wären sicherlich hierzulande
nicht heimisch, aber sie müßten eingeführt und heimisch gemacht werden, wenn das Klima es zuließe. Sie wären in der Stadt

beim ersten Obsthändler gekauft, und er müsse zu ihm gehen und sich erkundigen, woher die Äpfel und Birnen wären und sich dann Pfropfreiser verschaffen.

Der Gärtner kannte den Fruchthändler recht gut; es war derselbe, dem er auf Wunsch der Herrschaft den Überfluß des Obstes verkaufte, das der Garten des Edelhofes hervorbrachte.

Er ging also in die Stadt und fragte den Händler, woher er jene hochgepriesenen Äpfel und Birnen hätte.

»Sie sind aus Eurem Garten«, sagte dieser, und er zeigte ihm die Äpfel und die Birnen, welche der Gärtner sofort wiedererkannte.

Wie froh er wurde! Er eilte zu seiner Herrschaft und erzählte, daß die Äpfel und die Birnen aus ihrem eigenen Garten wären.

Das wollte sie durchaus nicht glauben. »Es ist nicht möglich, Larsson; könnt Ihr uns darüber einen schriftlichen Ausweis von dem Obsthändler bringen?«

Und er brachte den Ausweis.

»Das ist doch sonderbar«, sagte die Herrschaft.

Nun kamen jeden Tag auf den herrschaftlichen Tisch große Schalen dieser prächtigen Äpfel und Birnen aus dem eigenen Garten; sie schickten ganze Körbe und Kisten von diesen Früchten an Freunde in der Stadt und auf dem Lande, ja selbst ins Ausland. Das war wirklich eine Freude! Doch fügte die Herrschaft jedesmal hinzu, daß es ja auch ein merkwürdig gutes Jahr für Baumobst gewesen wäre; es wäre überall im Lande gut geraten.

So verging einige Zeit; da aß die Herrschaft zu Mittag am königlichen Hofe. Ein paar Tage später wurde der Gärtner zu seiner Herrschaft gerufen. Sie hatten bei Tisch Melonen aus des Königs Treibhaus gehabt, so saftig und wohlschmeckend, wie sie noch nie welche gegessen hätten.

»Ihr müßt zum Hofgärtner gehen, lieber Larsson, und uns einige Kerne von diesen köstlichen Melonen verschaffen.«

»Aber der Hofgärtner hat die Kerne erst von uns erhalten«, sagte der Gärtner hocherfreut.

»So hat er sie auf vorzügliche Weise zu veredeln gewußt«, sagte die Herrschaft. »Jede Melone war ausgezeichnet.«

»Ja, dann kann ich stolz sein«, sagte der Gärtner. »Ich kann der gnädigen Herrschaft sagen, daß der Hofgärtner dieses Jahr wenig Glück mit seinen Melonen gehabt hat, und da er sah, wie prächtig unsere standen und sie ihm vortrefflich schmeckten, so bestellte er drei von ihnen für die königliche Tafel.«

»Larsson, bildet Euch nur nicht ein, daß die Melonen aus unserem Garten waren.«

»Ich glaube es doch«, sagte er, ging zum Hofgärtner und bekam von ihm schriftlich, daß die Melonen auf der königlichen Tafel aus dem Edelhofe gekommen waren.

Das war eine Überraschung für die Herrschaft, und sie verschwieg die Geschichte nicht und zeigte das Zeugnis vor; ja es wurden Melonenkerne überall hingeschickt und ebenfalls frühe Setzlinge. Man erhielt Nachricht, daß dieselben gut anschlügen und ausgezeichnet Frucht ansetzten; sie wurden nach dem Edelhofe der Herrschaft benannt, so daß ihr Name nun auch in England, Deutschland und Frankreich zu lesen war.

Das hatte niemand vorausgesehen.

»Wenn nur der Gärtner nicht zu sehr von sich eingenommen wird«, sagte die Herrschaft. Allein er nahm es auf eine andere Weise; er wollte jetzt erst recht danach streben, daß sein Name als einer der besten Gärtner des Landes genannt würde. Er versuchte jedes Jahr etwas Vorzügliches in seinem Garten hervorzubringen, und es gelang ihm; aber oft mußte er doch hören, daß die allerersten Früchte, die er gezogen hätte, die Äpfel und Birnen, eigentlich das beste gewesen wären; alle andern Erzeugnisse ständen ihnen weit nach. Die Melonen wären allerdings noch besser gewesen; aber das wäre ja auch eine ganz andere Art. Die Erdbeeren könnte man vortrefflich nennen; doch hatten andere Herrschaften sie ebensogut, und als die Radieschen ein Jahr nicht gerieten, so sprach man nur von den mißratenen Radieschen und nicht von dem Guten, das er sonst hervorgebracht hatte.

Es schien, als ob die Herrschaft einigen Trost fühlte, wenn sie sagte: »Es glückte dies Jahr nicht recht, lieber Larsson.« Ja! sie war sehr froh, wenn sie sagen konnte: »Es glückte dieses Jahr nicht recht.«

Ein paarmal in der Woche brachte der Gärtner frische Blumen in das Zimmer hinauf; sie waren immer geschmackvoll geordnet; die Farben erschienen in den Zusammenstellungen gleichsam in einem stärkeren Licht.

»Ihr habt Geschmack, Larsson«, sagte die Herrschaft; »doch ist es eine Gabe, die Ihr Gott verdankt und nicht Euch selbst.«

Eines Tages kam der Gärtner mit einer großen Kristallschale; darin lag das Blatt einer Seerose und daneben ruhte, mit dem langen, dicken Stengel im Wasser, eine strahlende, blaue Blume, so groß wie eine Sonnenblume.

»Indiens Lotos«, rief die Herrschaft.

Eine solche Blume hatte sie noch nie gesehen, und sie wurde am Tage in den Sonnenschein und am Abend unter den Kronleuchter gestellt. Jeder, der sie sah, fand sie merkwürdig schön und selten; ja, das sagte selbst die Vornehmste unter den jungen Damen des Landes, und das war eine Prinzessin; sie war klug und herzensgut.

Die Herrschaft setzte eine Ehre darein, ihr eine solche Blume zu überreichen und so kam sie mit der Prinzessin auf das Schloß.

Nun ging die Herrschaft in den Garten, um selbst eine derartige Blume zu pflücken, wenn sich noch eine finden ließe; allein sie war nicht zu finden. Deshalb rief sie den Gärtner und fragte, woher er die blaue Lotos hätte.

»Wir haben sie vergebens gesucht«, sagte sie. »Wir sind in den Treibhäusern und überall im Blumengarten gewesen.«

»Nein, da ist sie allerdings nicht«, sagte der Gärtner. »Sie ist nur eine geringe Blume aus dem Küchengarten; allein nicht wahr, sie ist schön; sie sieht aus wie ein blauer Kaktus, und ist doch nur die Blüte der Artischocke.«

»Das hättet Ihr gleich sagen sollen«, sagte die Herrschaft. »Wir mußten glauben, daß es eine fremde, seltene Blume war. Ihr habt uns vor der Prinzessin blamiert. Sie sah die Blume bei uns, fand sie schön und kannte sie nicht, und doch ist sie so gut beschlagen in der Botanik; allein die Wissenschaft hat nichts mit den Küchengewächsen zu tun. Wie konnte es Euch einfallen, lieber Larsson, eine solche Blume in unsere Zimmer zu stellen. Das kann uns nur lächerlich machen.«

Und die schöne blaue Blume aus dem Küchengarten wurde aus der herrschaftlichen Wohnung entfernt, wohin sie ja nicht gehörte; ja, die Herrschaft entschuldigte sich sogar bei der Prinzessin und erzählte, daß die Blume nur ein Küchengewächs wäre, welches der Gärtner sich erlaubt hätte auszustellen; allein er hätte deshalb schon einen ernstlichen Verweis bekommen.

»Das war ein großes Unrecht«, sagte die Prinzessin. »Er hat ja unsere Augen für eine prächtige Blume geöffnet, die wir nicht kannten; er hat uns dort Schönheit gezeigt, wo wir sie sicherlich nicht gesucht hätten. Der Hofgärtner soll mir jeden Tag, solange die Artischocken blühen, eine ihrer Blüten ins Zimmer stellen.«

Und es geschah.

Die Herrschaft ließ dem Gärtner sagen, daß er ihnen wieder eine frische Artischockenblüte bringen könne.

»Sie ist eigentlich doch schön«, sagten sie, »höchst merkwürdig«, und der Gärtner wurde berühmt.

»Das gefällt Larsson«, sagten sie, »er ist ein verzogenes Kind.«

Im Spätjahr gab es einen fürchterlichen Sturm; er wehte die ganze Nacht so heftig, daß viele große Bäume am Rande des Waldes mit der Wurzel ausgerissen wurden, und zum großen Kummer der Herrschaft, allein zur Freude des Gärtners, blies er die beiden großen Bäume mit den vielen Vogelnestern um. Man hörte durch das Brausen des Sturmes die Raben und Krähen krächzen. Sie hätten sogar mit den Flügeln gegen die Fensterscheiben geschlagen, sagten die Leute auf dem Hofe.

»Nun seid Ihr doch froh, Larsson«, sagte die Herrschaft. »Der Sturm hat die Bäume gestürzt, und die Vögel haben im Walde Zuflucht gesucht. Jetzt erinnert nichts mehr an die alte Zeit; jedes Zeichen und jede Hindeutung ist fort. Wir sind sehr betrübt.«

Der Gärtner sagte nichts darauf; aber er dachte, was er schon lange gedacht hatte, den prächtigen, sonnigen Platz, über welchen er früher nicht herrschte, recht zu benutzen. Jetzt sollte er der Stolz des Gartens und die Freude der Herrschaft werden. Die großen umgewehten Bäume hatten die beschnittenen Buchsbaumhecken zerdrückt. Der Gärtner schuf an ihrer Stelle eine Anlage für heimische Pflanzen aus Wald und Feld.

In reicher Fülle setzte er das, was kein anderer Gärtner in einen herrschaftlichen Garten zu verpflanzen gedacht hätte, in die Erde, die es haben mußte und in den Schatten oder in die Sonne, wie jede Art es liebte. Er pflanzte mit Liebe, und es gedieh in Herrlichkeit.

Hier erhob sich der Wacholder der jütischen Heide, der in Form und Farbe der Zypresse Italiens ähnlich ist; die glänzende Stechpalme, die in Winterkälte und Sommerglut stets grün ist, gedieh herrlich. Im Vordergrund wuchsen Farnkräuter der verschiedensten Art; einige sahen aus, als wären sie Kinder der Palmen, andere schienen verwandt mit der zierlichen Pflanze, die wir Venushaar nennen. Hier stand die gering geachtete Klette, die in ihrer Frische so schön ist, daß sie sich gar gut in einem Bukett ausnimmt.

Sie stand auf trockenem Boden; tiefer, in feuchtem Grund, wuchs der Lattich, auch eine wenig geschätzte Pflanze, die doch mit ihren mächtigen Blättern und leuchtenden Blüten so malerisch ist. Wie ein großer, vielarmiger Kandelaber über und über mit Blüten bedeckt, erhob sich klafterhoch die Königskerze des Feldes. Hier standen Waldmeister und Schlüsselblumen, Maiglöckchen, die wilde Kalla und der dreiblättrige, zarte Sauerklee. Das war eine Pracht.

Durch Schnüre von Eisendraht gestützt, wuchsen in Reihen französische Zwergbirnbäume; sie hatten Sonne und gute Pflege und trugen bald große saftige Früchte, wie in dem Lande, aus dem sie stammten.

An Stelle der beiden alten, blattlosen Bäume wurde eine hohe Flaggenstange errichtet, an welcher der Danebrog wehte, und dicht daneben noch eine Stange, um welche zur Sommer- und Erntezeit sich Hopfen mit seinen duftenden Blütenzapfen rankte und an welche im Winter nach altem Brauch eine Hafergarbe gehängt wurde, damit die Vögel unter dem Himmel zur frohen Weihnachtszeit sich sättigen konnten.

»Der gute Larsson wird auf seine alten Tage sentimental«, sagte die Herrschaft. »Allein er ist uns treu und ergeben.«

Zu Neujahr kam in eins der illustrierten Familienblätter der Hauptstadt ein Bild des alten Hofes; man sah die Flaggenstange und die Hafergarbe für die Vögel unter dem Himmel zur frohen Weihnachtszeit, und es wurde als schöner Gedanke besonders hervorgehoben, daß man hier einen alten Brauch wieder zu Recht und Ehre gebracht hätte, was für diesen alten Edelhof so recht bezeichnend wäre.

»Alles, was Larsson tut«, sagte die Herrschaft, »hängt man an die große Glocke. Er ist ein glücklicher Mann. Wir können beinahe stolz darauf sein, daß wir ihn haben.«

Allein sie war gar nicht stolz auf ihn; sie fühlte, daß sie die Herrschaft war, die ihm aufsagen konnte; aber das tat sie nicht. Es waren gute Menschen, und von ihrer Art gibt es viele, und das ist erfreulich für jeden Larsson.

Ja, das ist die Geschichte von dem Gärtner und der Herrschaft. Nun kannst du über sie nachdenken.

Novembergarten

Rose sulfurea
im Novembergarten gelb
mit schwachem Duft
und blattlosem Stiel.
Wir machen uns bekannt.
Schön Wetter heute.
Gespräche über Bodenfrost,
Gartenschere, Schneeflocken
zögern laut zu werden.
So zählen wir lieber
die Hagebutten
und unsere Hoffnungen
auf sorglose Tage
im kommenden Jahr.

Es ist alles vor- trefflich gewachsen

Es ist alles vortrefflich gewachsen; die Wildnisse, die Sie angelegt haben, scheinen natürlich zu sein; sie bezaubern jeden, der sie zum ersten Mal sieht, und auch mir geben sie noch immer in einer stillen Stunde einen angenehmen Aufenthalt. Doch muss ich gestehen, dass ich in der Baumschule unter den fruchtbaren Bäumen lieber bin. Der Gedanke des Nutzens führt mich aus mir selbst heraus und gibt mir eine Fröhlichkeit, die ich sonst nicht empfinde. Ich kann säen, pfropfen, okulieren; und wenngleich mein Auge keine malerische Wirkung empfindet, so ist mir doch der Gedanke von Früchten höchst reizend, die einmal und wohl bald jemanden erquicken werden.

WILHELM BUSCH
Duldsam

Des morgens früh, sobald ich mir
Mein Pfeifchen angezündet,
Geh ich hinaus zur Hintertür,
Die in den Garten mündet.

Besonders gern betracht ich dann
Die Rosen, die so niedlich;
Die Blattlaus sitzt und saugt daran
So grün, so still, so friedlich.

Und doch wird sie, so still sie ist,
Der Grausamkeit zur Beute;
Der Schwebefliegen Larve frißt
Sie auf bis auf die Häute.

Schluppwespchen flink und klimperklein,
So sehr die Laus sich sträube,
Sie legen doch ihr Ei hinein
Noch bei lebend'gem Leibe.

Sie aber sorgt nicht nur mit Fleiß
Durch Eier für Vermehrung;
Sie kriegt auch Junge hundertweis
Als weitere Bescherung.

Sie nährt sich an dem jungen Schaft
Der Rosen, eh sie welken;
Ameisen kommen, ihr den Saft
Sanft streichelnd abzumelken.

So seh ich in Betriebsamkeit
Das hübsche Ungeziefer
Und rauche während dieser Zeit
Mein Pfeifchen tief und tiefer.

Daß keine Rose ohne Dorn,
Bringt mich nicht aus dem Häuschen.
Auch sag ich ohne jeden Zorn:
Kein Röslein ohne Läuschen!

ANDRÉ LICHTENBERGER

Baumblüte

Die Obstbäume blühen! — Ich hab's gut: Ich brauche bloß vor
die Türe zu gehen, und ich sehe die ganze Blütenpracht vor mir.
Da liegt unser Garten, und daneben sind links und rechts die
Nachbargärten, und überall schimmern und duften die weißen
Blütenbäume. Wie schlanke, hohe Türme ragen die Birnbäume
auf, grün und weiß überschüttet. Daneben, mit niedrigem,
breitem Rücken, stehen die Apfelbäume. Sie lassen sich etwas
mehr Zeit bis zum Blühen. Wer aber genauer hinschaut, der
findet zwischen den kleinen, graugrünen Blättern schon die
roten, leuchtenden Knospen. Ich glaube, wenige Stunden noch,
dann werden auch sie aufbrechen. Schau, drüben im Garten steht
ein junges, vorwitziges Apfelbäumchen, das trägt schon jetzt
einen feinen roten Blütenschleier! Es hat ihn heute mittag in der
warmen Frühlingssonne angelegt. Auch Pflaumenbäume sind da
mit runden Kronen. Wie große, grünweiß schimmernde Sträuße
sehen sie aus. Über den Zaun guckt vom Nachbarhaus her ein
Kirschbaum; auch er ist wie von einem Blütenschleier überzogen.

Seine dünnen Rutenzweiglein läßt er über den Zaun hängen, und die vielen Blütenbüschel flattern lustig im Wind. Gehe ich näher an die weiße Pracht heran, so weht mir ein feiner Duft entgegen, und es summt und brummt. Wir wissen schon, wer da am Werke ist: Bienen und Hummeln und auch allerlei kleines Fliegen- und Käfergesindel. Alle wollen ihren Teil von dem süßen Blütensaft haben. Und alle pudern sich beim Herumklettern in der Blüte die Beine, den Leib und die Flügel mit goldenem Blütenstaub und laden ein bißchen davon in der nächsten Blüte ab — nur ein bißchen, aber es ist genug, um die Narbe zu bestäuben. Ja, ich hab's gut: Ich brauche nur vor die Tür zu gehen, nur durchs Fenster zu schauen und habe all die Pracht vor mir. Du in der Stadt hast es nicht so gut. Oder habt ihr im Vorgarten oder an der Hausmauer ein, zwei Bäumchen stehen? Wenn nicht, lade ich euch herzlich ein, zu mir herauszukommen und in unserem Garten das große Blütenwunder zu sehen.

Blumen

In märzentagen streuten wir die samen
Wann unser herz noch einmal heftig litt
An wehen die vom toten jahre kamen
Am letzten kampf den eis und sonne stritt.

An schlanken stäbchen wollten wir sie ziehen
Wir suchten ihnen reinen wasserquell
Wir wussten dass sie unterm licht gediehen
Und unter blicken liebevoll und hell.

Mit frohem fleiße wurden sie begossen
Wir schauten zu den wolken forschend bang
Zusammen auf und harrten unverdrossen
Ob sich ein blatt entrollt ein trieb entsprang.

Wir haben in dem garten sie gepflückt
Und an den nachbarlichen weingeländen
Wir wandelten vom glanz der nacht entzückt
Und trugen sie in unsren kinderhänden.

Frost ist gar ein lieber Gärtner

Frost ist gar ein lieber Gärtner,
Freundliches hat er im Sinn,
Zaubert Blumen mir allnächtlich
An die Fensterscheiben hin!

Traum ist gar ein süßer Gärtner,
Der es herzlich mit mir meint,
Weil mit meines Daseins Blume
Jede Nacht er mir erscheint!

Doch mit erstem Mondesstrahle
Lassen beide ihren Ort,
Von den Fenstern, von den Augen
Nehmen sie die Rosen fort!

Ach, die Blume, die ich träume,
Ist ja Blume selbst aus Eis,
Eis'ger Frost hält sie gebannet,
Und mein Herz ist liebeheiß!

Und die Blumen an dem Fenster
Hat Natur ja nur geträumt,
Weil sie schlafend daran denken,
Daß der Frühling lange säumt!

KARL FOERSTER

Vom Glück des November

Es wird jetzt so wundervoll langsam Tag; lange genießt man diesen Morgen vor dem Morgen mit all seinen erwachenden Geräuschen, dem ersten leisen Gehen und Sprechen irgendwo im Haus und all den Tönen draußen; das Fahren eines Wagens auf der Landstraße ist wie ein Rauschen, fernes Hundegebell wird ins Glockenhafte gedämpft. Vom Waldrand melden sich wieder die behaglich-geselligen Novembertöne der Dohlen und Krähenschwärme und vom fernen Fluß die Doppelklänge der Nebelhörner.

Man kann sich im Sommer und Frühherbst gar nicht in das eigentümliche Glück des November hineindenken. Es ist Musik auf ganz anderem Instrument, ebenso reich an Fülle und Überraschung, aber mit ganz anderen Vorzeichen.

Die Laubgeranke des Resedaweins, das breite Fenster rings umkränzend, stehen lichtgetroffen in so hellem Gold, daß nun das ganze Zimmer in leisem Goldlicht liegt. Schon tagelang ist es vom Duft der Quitten und dem zarten Hauche des Chrysanthemum erfüllt. Das Fenster rahmt den reichverworrenen, blaudunstigen Gartenanblick, in dem ganz unerwartet noch gelbe Fallschirm-Rudbeckien blühen.

Die Goldblätter der Kastanie sind aus dem schönen Zweiggehäng gerieselt; nun aber ward der Blick in sonst verhüllte Ferne frei.

Am Rand des Wasserbeckens im vertieften Gärtchen leuchtet durchs Binsengitter der Feuerherd des Zwergahorns in lodernd roter Pracht, die tauschwer in der Sonne blitzt und leise dampft.

Der hohe Strauchahorn mit zierlichem rotem Laubgezweig trägt immer noch sein Spätherbstgewand und dient in Haus und Garten dem Chrysanthemum. Diese späten Blumen beherrschen lange Wochen des November mit hundertfältigen gedämpften Farben, die das ganze andere Jahr nicht kennt. Seltsam, jetzt sommerlich belaubte Weidenzweiggehänge vom Spätherbstwind bewegt zu sehen wie vom Sommerhauch!

Ein blauer, duftiger Nachmittag voll knospenhafter Heiterkeit ist aufgestiegen. Der Fensterblick hinaus trifft noch auf dichtes Grün des Heckenkirschenstrauchs, – dahinter liegen dunstig Feld und Wald. Zwei Stunden lang fällt immer wieder von der Arbeit der Blick auf dieses Bild. Die Lärchenzweige stehen im Goldgefieder, das täglich brauner wird, doch jeder Zweig bleibt grün gesäumt. Auch helles Buchengold reift im November zu herrlich braunem Kupfer, – in voller Reichtumslast von silbergrauem oder efeugrünem Stamm getragen.

Der Wind ist der Feind der Spätherbstpracht. Die Blätter schaukeln aus den Bäumen. Fast über Nacht ist nun der Heckenkirschenstrauch auch kahl geworden. Braune Blätter, die im Zweigwerk sich verfingen, hängen jetzt, vom Sonnenlicht durchleuchtet, Bernsteinplatten gleich im Tanggeäst. So webt um diesen Strauch ein Meerestraum. Ein

Schneerest auf dem schrägen moosigen Stamm daneben gleicht Brandungsschaum an grünen Wassertiefen.

Taglilie und Chinaspier im Beet am Gartenhaus sind durch die Spätherbstneige zu neuer Schönheit ausgemünzt. Erschlagene silbergraue Reste von Blatt- und Stielwerk lagern flach vor der zermürbten Waldspiraea, die noch im blassen Laub die braunen Samenstände trägt, – Bild der Vergänglichkeit, das rührender kaum sein kann. Doch leben beide Wesen unterirdisch kraftvoll weiter mit immer reicherem Sprossennest, während sie ihr Herbstlied von der Vergänglichkeit dem Menschen singen, den sie noch lange überdauern werden.

Novemberjuwele sind im ersteh Rauhreif die rotbeerigen Zwergfelsenmispeln mit erglühenden Blättern, von silbergrauem Hornkraut durchlagert und von Zwergnadelhölzern umgeben, die von welken Laubblättern fast erdrückt werden.

Manche flüchtigen Bilder, ganz auf Wetterstunde und Beleuchtung gestellt, schmerzen fast durch die Unmöglichkeit, sie zu bewahren, und bleiben gerade dadurch in uns unvergänglich.

Die Knospen der Schneeheide, der Schneerosen und des Schneejasmins schwellen immer stärker. Die früheste Schneerosenart hat schon beinahe abgeblüht, während sich am Grunde der Winterschneerosen kräftiges Knospenleben zeigt. Wer diesen Winterfrühling im eigenen Garten kennt, möchte das Novembergefühl nicht missen, monatelangem Massenflor der Schneerosen entgegenzuleben, der reiche Sträuße für das Haus liefert.

Kahle Novemberbäume im Garten stehen nun wie Masten abgetakelter Schiffe, die reiche Fracht löschten und im Winterhafen ruhen. Jetzt sieht man wieder recht, wie das Geäst junger Bäume, die man vor Jahren gepflanzt, sich festigte und eisenstarres Gezweige reckt und streckt. Der Laubfall dauert wochenlang, und der November bleibt auch in den letzten Tagen noch reich an Herbstfarben.

Zu den Gipfeln seiner Schönheit gehören die Sonnenuntergänge und Vollmondnächte. Man geht auf hohen, gefrorenen Ackerschollen wie auf erstarrter Lava und hört die Bäume leise über sich klirren, während im Westen bis hoch zum Zenit hinauf der ganze Himmel in blendender Abendglut steht und gleichzeitig die östliche Halbkugel des Himmels schon in blaudüsterer Mondnacht liegt.

Im kahlen Astwerk manchen Baumes blühen alle Gestirne, indes der Nachbarbaum noch volles fahles Laub ins Mondlicht breitet und sommerdunkle Schatten wirft.

Mit wunderlichem Durste trinkt das Auge noch jeden dichten Laubschatten, während wir doch längst mit Herbst und Winter Frieden machten.

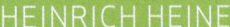

HEINRICH HEINE

Wir wollen jetzt Frieden machen

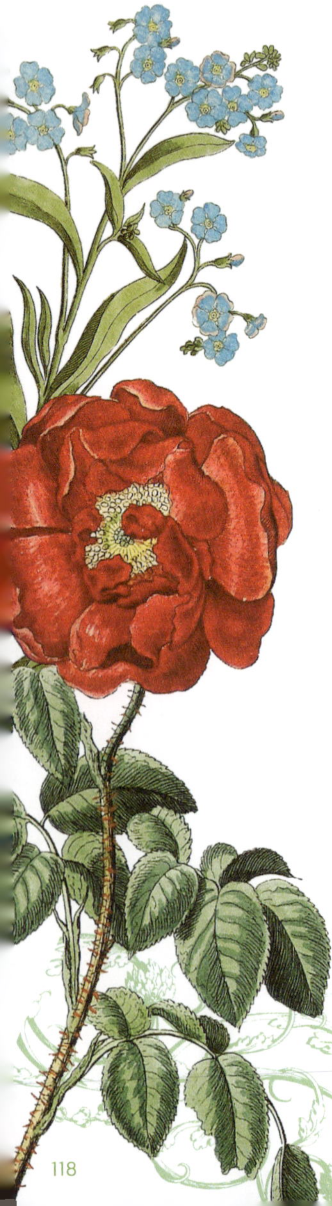

Wir wollen jetzt Frieden machen,
Ihr lieben Blümelein.
Wir wollen schwatzen und lachen,
Und wollen uns wieder freun.

Du weißes Maienglöckchen,
Du Rose mit rotem Gesicht,
Du Nelke mit bunten Fleckchen,
Du blaues Vergißmeinnicht!

Kommt her, ihr Blumen, jede
Soll mir willkommen sein –
Nur mit der schlimmen Resede
Laß ich mich nicht mehr ein.

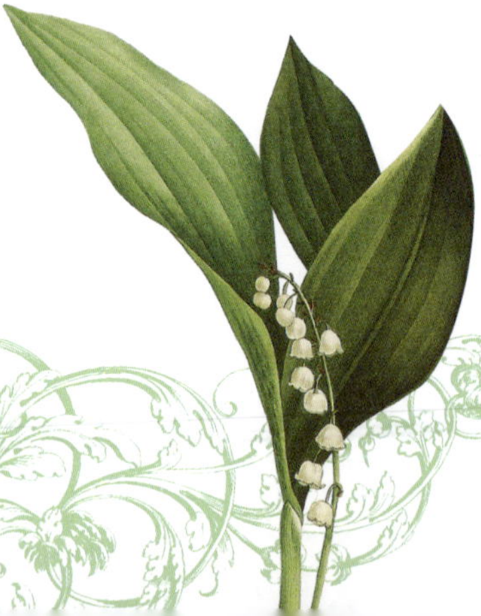

JOHANN PETER HEBEL

Des Adjunkts Standrede im Gemüsgarten seiner Schwiegermutter

Setzt ohne Anstand die Hüte auf, gute Nachbarn und Freunde. Ich will nun von der Fruchtbarkeit und schnellen Verbreitung der Pflanzen mit euch reden. *»Es ging ein Säemann aus, zu säen seinen Samen, und etliches fiel auf ein gut Land.«*

– 1 –

Man kann sich nicht genug über die Menge und Mannigfaltigkeit der Pflanzen verwundern, mit welchen die Natur alle Jahre die Erde bekleidet. In dem kleinen Raum, den das Auge auf einmal überschauen kann, welch eine Vielfachheit der Gestalten, welch ein Spiel der Farben, welche Fülle in der Werkstätte der reichsten Kraft und der unerforschlichen Weisheit? Nicht weniger muß man sich wundern über die Geschwindigkeit, mit welcher die Natur jede leere Stelle auf öden Feldern, verlassenen Wegen, kahlen Felsen, Mauern und Dächern, wo nur eine Handvoll fruchtbare Erde hingefallen ist, ansäet und mit Gras, Kräutern,

Stauden, und Buschwerk besetzt. Das sieht man oft und achtet's nicht, eben weil man es von Kindheit an so oft sieht; die größte Weisheit verratet sich in der einfachen und natürlichen Einrichtung der Dinge, und man erkennt sie nicht, eben weil alles so einfach und natürlich ist.

– 2 –

Die meisten Pflanzen haben eine wunderbare Vermehrungskraft, wie jeder aufmerksame Landwirt wohl weiß. Tausend Samenkerne von einer einzigen Pflanze, solange sie lebt, ist zwar schon viel gesagt, nicht jede tragt's, aber es ist auch noch lange nicht das höchste. Man hat schon an einer einzigen Tabakspflanze 40 000 Körnlein gezählt, die sie in einem Jahre zur Reife brachte. Man schätzt einer Eiche, daß sie 500 Jahre leben könne. Aber wenn wir uns nun vorstellen, daß sie in dieser langen Zeit nur 50mal Früchte trage, und jedesmal in ihren weit verbreiteten Ästen und Zweigen nur 500 Eicheln, so liefert sie doch 25 000 wovon jede die Anlage hat, wieder ein solcher Baum zu werden. Gesetzt, daß dieses geschehe, und es geschehe bei jeder von diesen wieder, so hätte sich die einzige Eiche in der zweiten Abstammung schon zu einem Walde von 625 Millionen Bäumen vermehrt. Wieviel aber eine Million oder 1 000 mal 1 000 sei, glaubt man zu wissen, und doch erkennt es nicht jeder. Denn wenn ihr ein ganzes Jahr lang vom 1. Jänner bis zum 31. Dez. alle Tage 1 000 Striche an eine große Wand schreibet, so habt ihr am Ende des Jahrs noch keine Million, sondern erst 365 000 Striche, und das zweite Jahr noch keine Million, sondern erst 730 000 Striche, und erst am 26. September des dritten Jahrs würdet ihr zu Ende kommen. Aber unser Eichenwald hätte 625 solcher Millionen, und so wäre es bei jeder andern Art von Pflanzen nach Proportion in noch viel kürzerer Zeit, ohne an die zahlreiche Vermehrung durch Augen, Wurzelsprossen und Knollen zu gedenken. Wenn man sich also einmal über diese große Kraft in der Natur gewundert hat, so hat man sich über den großen Reichtum an Pflanzen aller Art nicht mehr zu verwundern. Obgleich viele 1 000 Kerne und Körnlein alle Jahre von Menschen und Tieren verbraucht werden, viele Tausend im Boden ersticken, oder im Aufkeimen durch ungünstige Witterung und andere Zufälle wieder zugrunde gehen, so bleibt doch jahraus jahrein, ein freudiger und unzerstörbarer Überfluß vorhanden. Auf der ganzen weiten Erde fehlt es nirgends an Gesäme, überall nur an Platz und Raum.

Aber wenn jeder reife Kern, der sich von seiner Mutterpflanze ablöset, unter ihr zur Erde fiele und liegen bliebe; alle lägen aufeinander, keiner könnte gedeihen, und wo vorher keine Pflanze war, käme doch keine hin. Das hat die Natur vor uns bedacht, und nicht auf unsern guten Rat gewartet. Denn einige Kerne, wenn sie reif sind, fliegen selbst durch eine verborgene Kraft weit auseinander, die meisten sind klein und leicht, und werden durch jede Bewegung der Luft davongetragen, manche sind noch mit kleinen Federlein besetzt, wie der Löwenzahn (Schlenke, Kettenblume) Kinder blasen sie zum Vergnügen auseinander, und tun damit der Natur auch einen kleinen Dienst, ohne es zu wissen, andere gehen in zarte breite Flügel aus, wie die Samenkerne von Nadelholzbäumen. Wenn die Sturmwinde wehen, wenn die Wirbelwinde, die im Sommer vor den Gewittern hergehen, alles von der Erde aufwühlen und in die Höhe führen, dann säet die Natur aus, und ist mit einer Wohltat beschäftiget, während wir uns fürchten, oder über sie klagen und zürnen; dann fliegen und schwimmen und wogen eine Menge von unsichtbaren Keimen in der bewegten Luft herum, und fallen nieder weit und breit, und der nachfolgende Staub bedeckt sie. Bald kommt der Regen und befeuchtet ihn, und so wirds auf Flur und Feld, in Berg und Tal, auf First und Halden auch wahr, daß etliches auf dem Weg von den Vögeln des

Himmels gefressen wird, etliches unter den Dornen zu Grund geht, etliches auf trockenem Felsengrund in der Sonnenhitze erstirbt, etliches aber gut Land findet, und hundertfältige Frucht bringt. Weiter sind manche Kerne für den Wind zu groß und zu schwer, aber sie sind rund und glatt, rollen auf der Erde weiter, und werden durch jeden leichten Stoß von Menschen oder Tieren fortgeschoben. Andere sind mit umgebogenen Spitzen oder Häklein versehen, sie hängen sich an das Fell der Tiere, oder an die Kleider der Menschen an, werden fortgetragen, und an einem andern Orte wieder weggestreift, oder abgelesen und ausgesäet, und der es tut, weiß es nicht, oder denkt nicht daran. Viele Kerne gehen unverdaut und unzerstört durch den Magen und die Gedärme der Tiere, denen sie zur Nahrung dienen sollen, und werden an einem andern Ort wieder abgesetzt. So haben wir ohne Zweifel durch Strichvögel schon manche Pflanze aus fremden Gegenden bekommen, die jetzt bei uns daheim ist, und guten Nutzen bringt. So gehen auf hohen Gemäuern und Türmen Kirschbäume und andere auf, wo gewiß kein Mensch den Kern hingetragen hat. Noch andere fallen von den überhangenden Zweigen ins Wasser, oder sie werden durch den Wind und Überschwemmungen in die Ströme fortgerissen und weitergeführt, und an andern Orten durch neue Überschwemmungen wieder auf dem Lande abgesetzt. Ja einige schwimmen auch wohl auf den Strömen bis ins Meer, erreichen das jenseitige Gestade, und heimen sich alsdann in einer landesfremden Erde ein. Es sind da und dort schon Pflanzen als Unkraut aufgegangen, von denen man wohl wissen kann, daß der Samen dazu auf diese Art über das Meer gekommen sei. Also müssen alle Kräfte und Elemente die wohltätigen Absichten des Schöpfers befördern, Schnee und Regen, Blitz und Hagel, Sturm und Winde, die seine Befehle ausrichten.

Aber das ist ja eben die Plage des Landmannes! daher kommt also das viele Unkraut im Gartengelände und auf den Ackerfurchen, das der schönen gereinigten Saat Raum und Nahrung stiehlt, soviel Mühe macht, und doch mit aller Geduld und Sorgfalt nicht vertilgt werden kann! Die Sache ist nicht so schlimm, wie sie scheint. Denn zum ersten, so ist der Mensch nicht allein auf der Erde da. Viele 1000 Tiere aller Art, von mancherlei Natur und Bedürfnissen wollen auch genährt sein, und warten auf ihre Speise zu seiner Zeit. Manche davon sind uns unentbehrlich und wir wissen's wohl, manche schaffen uns großen Nutzen, und wir wissen's nicht; und es muß doch wahr bleiben, woran wir uns selber so oft erinnern, daß sich eine milde Hand auftut, und sättiget alles, was da lebet mit Wohlgefallen. Zum andern, so hat doch der Mensch auch schon von manchem Kräutlein Nutzen gezogen, das er nicht selber gesäet und gepflanzet, nicht im Frühlingsfrost gedeckt, und in der Sommerhitze begossen hat. Und eine einzige unscheinbare und verachtete Pflanze, deren Kraft dir oder deinen Kindern, oder auch nur deinem Vieh eine Wunde heilt, einen Schmerz vertreibt oder gar das Leben rettet, bezahlt die Mühe und den Schaden reichlich, den tausend andere verursachen. Aber wer stellt den Menschen zufrieden? Wenn die Natur nicht so wäre, wie sie ist, wenn wir Baldrian und Wohlgemut, Ehrenpreis und Augentrost, und alle Pflanzen in Feld und Wald, die uns in gesunden und kranken Tagen zu mancherlei Zwecken nützlich und nötig sind, selber ansäen, warten und pflegen müßten, wie würden wir alsdann erst klagen über des viel bedürftigen Lebens Mühe und Sorgen!

JOHANN WOLFGANG VON GOETHE
Der Gärtner

So wenig der Gärtner sich durch andere Liebhabereien und Neigungen zerstreuen darf, so wenig darf der ruhige Gang unterbrochen werden, den die Pflanze zur dauernden oder zur vorübergehenden Vollendung nimmt. Die Pflanze gleicht den eigensinnigen Menschen, von denen man alles erhalten kann, wenn man sie nach ihrer Art behandelt. Ein ruhiger Blick, eine stille Konsequenz, in jeder Jahreszeit, in jeder Stunde das ganz Gehörige zu tun, wird vielleicht von niemand mehr als vom Gärtner verlangt.

BERTOLT BRECHT

Frühling

An einem dürren Ast
Ist eine Blüt erblüht
Hat sich heut nacht bemüht
Und nicht den Mai verpaßt.

Ich hatt so kein Vertraun
Daß ich ihn schon verwarf
Für Anblick und Bedarf.
Hätt ihn fast abgehaun.

Mein Garten

Ich will von dem Stückchen Landes berichten, das ich mir in meinen Zukunfsträumen so oft gewünscht habe, um daraus ein Laboratorium lebendiger Entomologie zu machen, und das ich nun endlich in der Einsamkeit eines kleinen Dorfes erhalten habe. Es ist dies ein *Harmas*. Mit diesem Namen bezeichnet man bei uns auf dem Lande eine unangebaute, steinige Fläche, die der Thymian überwuchert. Der Boden ist zu mager, um die Arbeit des Pfluges zu lohnen; Schafe weiden im Frühjahr dort, wenn es zufällig geregnet hat und etwas Pflanzenwuchs hervorsprießt. Mein *Harmas* jedoch hat, wegen dem bißchen roter Erde, das zwischen dem massenhaften Geröll fast verschwindet, einen Anfang von Kultur erhalten: Ehemals gab es Weinreben darauf, wie es heißt. Und in der Tat werden beim Ausheben von Gruben zum Anpflanzen einiger Bäume hie und da halbverkohlte Reste jener kostbaren Stümpfe bloßgelegt. Die dreizackige Forke, das einzige Ackerwerkzeug, das in einen solchen Boden einzudringen vermag, ist also darüber hingegangen, und ich bedaure das sehr, denn die ursprüngliche Vegetation ist dadurch verschwunden. Keine Spur mehr von Thymian, von Lavendel, keine Büsche von Kermeseichen. Wie nützlich könnten mir diese Pflanzen sein, zumal die beiden ersteren, indem sie den Hautflüglern Honig böten; ich bin daher genötigt, sie auf dem Gelände wieder einzusetzen, von dem die Forke sie vertrieben hat.

Im Überfluß dagegen sind ohne mein Zutun alle die Pflanzen vorhanden, die jeden Boden überwuchern, den man erst umgegraben und dann lange Zeit sich selbst überlassen hat. Vor allem gibt es hier Quecken, diese abscheuliche Grasart, die ein erbitterter dreijähriger Kampf noch nicht völlig wieder ausrotten konnte. Dann kommen der Zahl nach die *Centaureen* oder Flockenblumen, alle störrisch aussehend, umstarrt von Stacheln oder sternförmigen Hellebarden; so die Sommerwende-Flockenblume, die Berg- und die distelartige Flockenblume von denen die erstgenannte vorherrscht. Hier und dort erhebt sich aus ihrem unentwirrbaren Durcheinander wie ein Kandelaber, mit großen orangefarbigen Blüten als Flamme, die wilde spanische Golddistel, deren Stacheln so stark wie Nägel sind. Sie wird überragt von der illyrischen Krebsdistel, deren Schaft sich ein bis zwei Meter hoch erhebt und in einer purpurroten Blumenkrone endigt. Nicht zu vergessen die wilde Kratzdistel, die so wohlbewehrt ist, daß der Sammler nicht weiß, wo er sie anfassen soll; dann die lanzettliche Kratzdistel, deren Blattrippen in Lanzenspitzen endigen, und noch andere Arten. Dazwischen winden sich die langen, mit Haken besetzten Ranken der Brombeere am Boden hin, die blauschwarze Früchte tragen. Wenn man dieses dornige Dickicht besuchen will, in dem die Hautflügler Honig sammeln, muß man hohe Stiefel anziehen, die noch den halben Oberschenkel bedecken, oder sich auf blutige Risse gefaßt machen. Solange der Boden noch einige Reste der Frühjahrsregen bewahrt, entbehrt diese wilde Vegetation nicht eines gewissen Reizes. Wenn aber der Sommer mit seiner Dürre kommt, dann hat man eine trostlose Fläche vor sich, die die Flamme eines Zündhölzchens von einem Ende zum anderen in Brand setzen würde. […] Dieses verwünschte Land, dem niemand eine Handvoll Samenkörner anvertrauen wollte, ist ein Paradies für die *Hymenopteren*. Seine mächtige Vegetation von Disteln und Flockenblumen lockt sie mir alle aus der Runde herbei. Nie zuvor sah ich auf meinen entomologischen Streifzügen eine solche Menge von ihnen auf einem Fleck vereint; alles, was zu ihrer Sippe gehört, gibt sich hier ein Stelldichein. Man findet hier Jäger, die allen Arten von Wild nachstellen, Insekten, die Erdbauten ausführen, und solche, die Stoffe weben, andere, die aus Blättern oder aus Blumenkronen Stücke schneiden, ferner in der Pappenmacherkunst Erfahrene, Gipser, die Ton als Mörtel verwenden, Zimmerleute, die das Holz anbohren, Minierer, die unterirdische Galerien aushöhlen, und was weiß ich sonst noch. Was ist dies für ein Insekt? Es ist eine Kugel- oder Wollbiene; sie kratzt den wie mit Spinnweben bedeckten Stengel der Sommerwende-Flockenblume ab und bringt ein Bällchen Wolle zusammen, das sie stolz am Ende ihrer Mandibeln davonträgt. Unter der Erde wird sie daraus Säckchen von verfilzter Watte herstellen, um darin einen Vorrat von Honig und das Ei einzuschließen. – Und jene anderen, die so eifrig aus den Blumen einsammeln? Es

sind Blattschneider, die unter dem Bauch schwarze, weiße oder feuerrote Sammelhaare tragen. Wenn sie die Disteln verlassen, suchen sie benachbarte Sträucher auf, um aus deren Blättern ovale Stücke herauszuschneiden, die sie dann, zu einer Tüte gebogen, heimtragen, um daraus in ihrer Höhle einen kleinen Fingerhut zu machen, der mit Honig gefüllt und mit einem Ei beschenkt wird. Und die dort, die in schwarzen Samt gekleidet sind? Es sind Mörtelbienen, die ihre Wohnungen aus feinen, durch Speichel fest verbundenen Sandkörnchen herstellen. An den großen Kieseln des *Harmas* werden wir ihre Bauten leicht finden.

[…]

Dort Hornbienen, deren Männchen stattliche Hörner tragen; rauhfüßige Bürsten- oder Hosenbienen, die als Sammelwerkzeug an den Hinterbeinen einen Haarpinsel haben; hier die an Arten reichen Erd- oder Sandbienen. Diese Namen mögen genügen, denn wenn ich alle Gäste meiner Disteln aufzählen wollte, könnte ich nahezu die ganze honigerzeugende Sippe hier Revue passieren lassen. […] Ein besonders glücklicher Zufall hat nun dieser zahlreichen Familie von Honigsammlern das Völkchen der Jäger zugesellt. Für den geplanten Bau einer Umfassungsmauer hatten die Maurer auf meinem Grundstück hier und dort große Haufen von Sand und von Steinen verteilt. Da die Arbeiten sich in die Länge zogen, wurden diese Materialien vom ersten Jahr an von den Insekten in Besitz genommen. Die Mörtelbienen wählten sich die Zwischenräume der Steine als Schlafgemächer, um dort in dichtgedrängten Gruppen die Nacht zuzubringen. In einem Loch lauerte die kräftige Mauereidechse dem vorbeikommenden Mistkäfer auf, während der graue Steinschmätzer auf dem höchsten Stein sitzend sein Lied sang.

Die Sandhaufen gewährten einer anderen Bevölkerung Zuflucht. Die Wirbelwespen legten darin durch Scharren ihre Nester

an. Der Raupentöter von Languedoc schleppte an den Fühlern eine Heuschrecke dorthin; eine Lehmwespe kellerte dort ihre Konserven von Zikaden ein. Alle diese Jäger verschwanden zu meinem Bedauern, als die Maurer den Sand verbraucht hatten, doch muß ich nur neue Haufen hinschaffen lassen, um sie sofort zurückzurufen.

Nicht verschwunden sind nach dem die munteren, mit den Flügeln schlagenden Wegwespen, welche die verborgenen Schlupfwinkel nach Spinnen durchstöbern. Die größte Art von ihnen belauert die Tarantel, deren Erdlöcher in meinem *Harmas* nicht selten sind. – An heißen Sommernachmittagen ziehen die Amazonenameisen aus ihren Erdnestern in langen Bataillonen weithin auf die Sklavenjagd. Langsam fliegen die vier Zentimeter langen Dolchwespen um einen Haufen von faulendem Kräuterwerk und versenken sich in die Pflanzenerde, angelockt durch reichliches Wild: die Larven von Blatthörnern, Nashornkäfern und Rosenkäfern. Das Wohnhaus, bei dem dieses Grundstück liegt, war ebenso verlassen wie das Gelände. Als die Menschen fortzogen und die Ruhe gesichert war, kamen die Tiere herbei und ergriffen Besitz von allem. Die Grasmücke nahm ihre Wohnung in den

Syringen; der Grünling ließ sich unter dem dichten Schutzdach der Zypressen nieder; der Sperling trug Läppchen und Strohhalme unter die Dachziegel; im Wipfel der Platane zwitschert der Zeisig des Südens, dessen weiches Nest nicht größer ist als eine halbe Aprikose; abends läßt die Zwergohreule ihren einförmigen Ruf erschallen, und der Steinkauz klagt. Vor dem Haus ist ein großes Becken, gespeist von der Wasserleitung, die den Brunnen des Dorfes das Wasser liefert. Dorthin begeben sich aus einem Umkreis von einem Kilometer die *Batrachier* in ihrer verliebten Jahreszeit. Die sechs bis sieben Zentimeter langen Kreuzkröten, mit hellgelbem Längsstreifen auf dem Rücken, treffen sich dort, um ihr Bad zu nehmen. Wenn die Dämmerung hereinbricht, sieht man an den Rändern die Geburtshelferkröten herumhüpfen, bei denen das Männchen die befruchteten Eierschnüre auf dem Rücken trägt, bis die Embryonen genügend entwickelt sind. Dann bringt es sein kostbares Paket ins Wasser und schlüpft hierauf unter irgendeinen Stein, von wo es seine Stimme wie das Klingen eines Glöckchens vernehmen läßt. Wenn die Laubfrösche nicht im Gezweig der Bäume quaken, führen sie zierliche Tauchsprünge ins Wasser aus.

Sobald im Mai die Nacht anbricht, wird daher das Bassin zu einem betäubenden Orchester. Man kann kein Wort verstehen, wenn man im Haus bei Tisch sitzt, und ebensowenig schlafen. Es mußte Abhilfe geschaffen werden durch Maßregeln, die vielleicht etwas zu streng waren. Allein, was blieb anderes übrig? Wer schlafen will, und dies nicht kann, wird wütend.

Die noch kühneren Hautflügler haben sich sogar der Wohnung bemächtigt. Vor meiner Schwelle nistet in einem Schutthaufen

der weißgegürtete Raupentöter; wenn ich ins Haus gehe, muß ich mich in acht nehmen, um seine Erdhöhlen nicht zu beschädigen und den ganz in seine Arbeit versunkenen Minierer nicht zu zertreten. Es ist wohl ein Vierteljahrhundert her, daß ich diesen ungestümen Grillenjäger nicht mehr gesehen habe. Als ich zuerst seine Bekanntschaft machte, mußte ich jedesmal mehrere Kilometer weit in der glühenden Augusthitze wandern, um ihn zu besuchen; heute finde ich ihn unmittelbar vor meiner Tür wieder. […] Auf den Stäben der Jalousien bauen einige vereinzelte Mörtelbienen ihre Zellen, während auf der Innseite der halbgeöffneten Läden eine Pillenwespe ihre kleine Kuppel aus Lehm anbringt, die oben ein kurzer, sich ausweitender Hals überragt. Die gemeine Wespe und die Papierwespe sind meine Tischgenossen; sie kommen auf die Tafel geflogen, um nachzusehen, ob die aufgetragenen Trauben auch gut reif sind.

FRIEDRICH RÜCKERT

Beschränkung

Weit spazieren
Mag ich nicht, der Tag ist warm,
Und genieren
Soll mich nicht der Städter Schwarm.

Die Umbüschung
Meines Gartens beut mir Ruh'.
Und Erfrischung
Haucht der Sommerwind mir zu.

Luft aus Süden
Bringt gedämpften Trommelklang,
Und im Frieden
Über mir schwebt Lerchengesang.

Lied des Mädchens um ihren Garten

Auf, singe, Mädchen,
Nicht! O, warum nicht?
O, warum aufgestützet?
Dein Arm wird dir ersterben.

Wie kann ich singen,
Und frölich werden?
Mein Gärtlein ist verwüstet,
Ach, jämmerlich verwüstet!

Rauten zertreten,
Rosen geraubet,
Die Liljen weiß, zerknicket,
Der Thau gar abgewischet!

O weh, da konnt' ich
Mich selbst kaum halten,
Sank hin im Rautengärtlein
Mit meinem braunen Kranze.

LUDWIG CHRISTOPH HEINRICH HÖLTY

Der Gärtner an den Garten im Winter, eine Idylle

In Silberhüllen eingeschleyert
Steht jetzt der Baum,
Und strecket seine nackten Äste
Dem Himmel zu.

Wo jüngst das reife Gold des Fruchtbaums
Geblinket, hängt
Jetzt Eiß herab, das keine Sonne
Zerschmelzen kan.

Entblättert steht die Rebenlaube,
Die mich in Nacht
Verschloß, wenn Phoebus flammenathmend
Herniedersah.

Das Blumenbeet, wo Florens Töchter
In Morgenroth
Gekleidet, Wohlgeruch verhauchten,
Versinkt in Schnee.

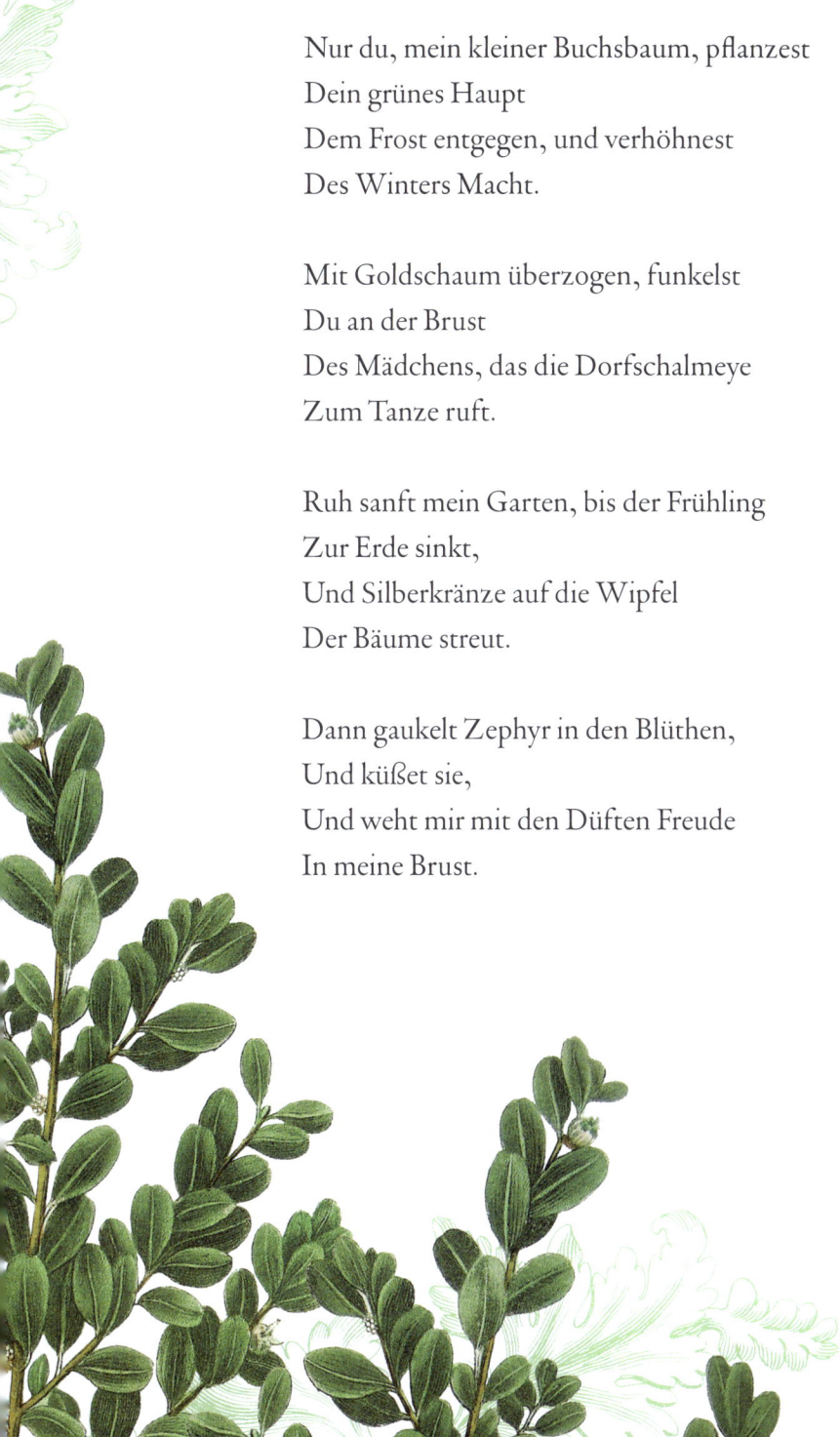

Nur du, mein kleiner Buchsbaum, pflanzest
Dein grünes Haupt
Dem Frost entgegen, und verhöhnest
Des Winters Macht.

Mit Goldschaum überzogen, funkelst
Du an der Brust
Des Mädchens, das die Dorfschalmeye
Zum Tanze ruft.

Ruh sanft mein Garten, bis der Frühling
Zur Erde sinkt,
Und Silberkränze auf die Wipfel
Der Bäume streut.

Dann gaukelt Zephyr in den Blüthen,
Und küßet sie,
Und weht mir mit den Düften Freude
In meine Brust.

KAREL ČAPEK

Sommerregen

Die Heumahd ist bekanntlich die Zeit der Gewitter. Einige Tage zuvor liegt es dräuend über Himmel und Erde; die Sonne sticht ganz abscheulich, der Boden bekommt Sprünge, und die Hunde stinken. Der Gärtner blickt sorgenvoll zum Himmel und meint, es sollte regnen. Worauf die sogenannten unheilverkündenden Wolken erscheinen und ein stürmischer Wind sich erhebt, der Staub, Hüte und welkes Laub vor sich hertreibt.

Da stürzt der Gärtner mit wehenden Haaren in den Garten, keineswegs, um wie ein romantischer Dichter den Elementen zu trotzen, sondern um alles, was im Winde schwankt, festzubinden, seine Geräte und Stühlchen wegzutragen und überhaupt allen elementaren Katastrophen die Stirn zu bieten. Während er vergebens versucht, die Stengel der Rittersporne festzubinden, fallen die ersten großen und heißen Tropfen; einen Augenblick ist es zum Ersticken, und dann bum! geht unter Donnergetöse plötzlich ein schwerer Platzregen nieder. Der Gärtner flüchtet unter einen Dachvorsprung und sieht schweren Herzens zu, wie sich der Garten unter den Hieben des Regens und des Sturmes schüttelt. Wird er am ärgsten, stürzt er wie ein Mann hinaus, der ein ertrinkendes Kind retten will, um eine geknickte Lilie anzubinden. Um Gottes willen, so viel Wasser.

Mitten hinein rasseln Hagelkörner, hüpfen am Boden herum und werden durch die Bäche von Schmutzwasser weggeschwemmt. Im Herzen des Gärtners aber ringt die Angst um die Blumen mit einer Art Begeisterung, die große Elementarerscheinungen in uns auslösen. Dann donnert es dumpfer, der Guß verwandelt sich in einen kalten Regen und verdünnt sich zu einem Streifregen. Der Gärtner läuft in den abgekühlten Garten hinaus, blickt verzweifelt auf den mit Sand vollgeschwemmten Rasen, auf die geknickten Schwertlilien und die zerstörten Beete. Kaum jedoch läßt sich die erste Amsel vernehmen, ruft er über den Zaun dem Nachbar zu: »Hallo, es sollte noch regnen, für die Bäume war es zu wenig.«

Am nächsten Tag kann man in den Zeitungen von dem katastrophalen Wolkenbruch lesen, der insbesondere auf den Saatfeldern furchtbaren Schaden angerichtet hat; aber kein Wort steht darin von dem schweren Schaden, den er unter den Lilien verursacht hat, oder gar von der Verwüstung unter dem orientalischen Mohn. Wir Gärtner werden eben immer zurückgesetzt.

Wenn es etwas nützen würde, fiele der Gärtner täglich auf die Knie und betete ungefähr so: »Herrgott, richte es so ein, daß es täglich von Mitternacht bis drei Uhr früh regne, aber langsam und warm, weißt du, damit es einsickern kann; doch soll es dabei nicht auf die Pechnelke, das Steinkraut, Sonnenröschen, den Lavendel und andere Blümlein regnen, die dir in deiner unendlichen Weisheit als trockenliebende Pflanzen bekannt sind – wenn du willst, schreibe ich es dir auf ein Blatt Papier auf; ferner soll die Sonne den ganzen Tag über scheinen, aber nicht überallhin (zum Beispiel nicht auf den Spierstrauch und Enzian, noch auf Funkia und Rhododendron) und auch nicht zu stark; dann möge es viel Tau und wenig Wind geben, genug Regenwürmer, keine Blattläuse, Schnecken und keinen Mehltau, und einmal in der Woche verdünnte Jauche mit Taubenmist regnen. Amen.«

JOHANN WOLFGANG VON GOETHE
An Friedrich August Wolf

Der Gartenliebhaber pflegt von den Früchten seines kleinen Bezirkes, die er mit Sorgfalt gewartet, wenn sie reif werden, seinen Freunden gewöhnlich einen Teil zu übersenden, nicht eben weil er sie für köstlich hält, sondern weil er anzeigen möchte, daß er die ganze Zeit über, da er sich mit ihnen beschäftigte im stillen an diejenigen gedacht habe, die ihm wert sind.

THEODOR STORM

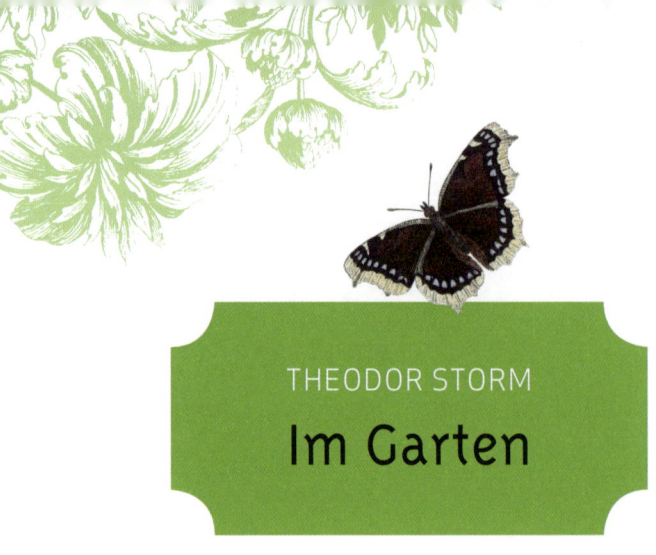

Im Garten

Hüte, hüte den Fuß und die Hände,
Eh sie berühren das ärmste Ding!
Denn du zertrittst eine häßliche Raupe
Und tötest den schönsten Schmetterling.

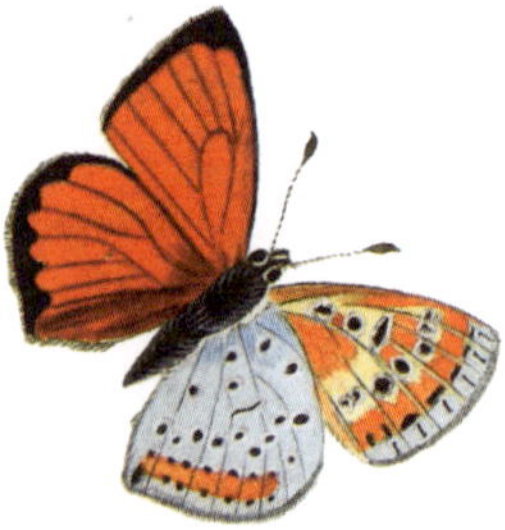

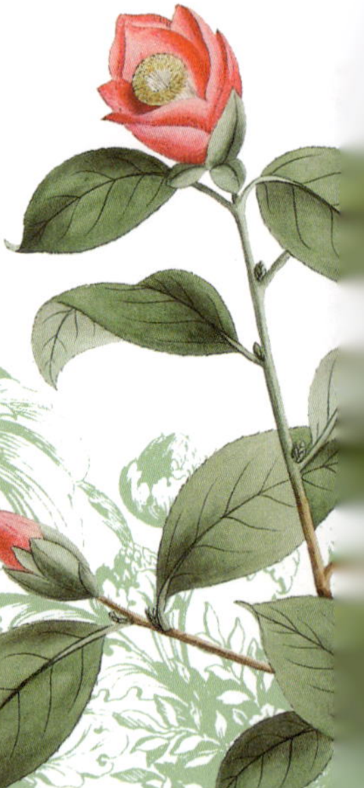

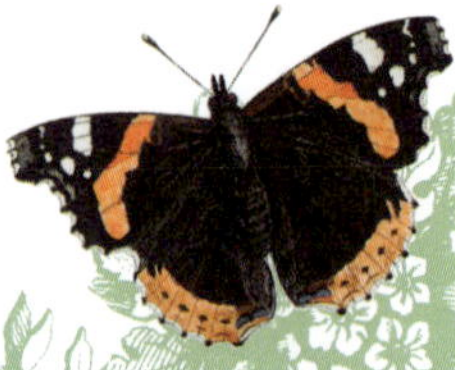

HERMANN HESSE

Spätsommer

Noch einmal, ehe der Sommer verblüht,
Wollen wir für den Garten sorgen,
Die Blumen gießen, sie sind schon müd,
Bald welken sie ab, vielleicht schon morgen.

Noch einmal, ehe wieder die Welt
Irrsinnig wird und von Kriegen gellt,
Wollen wir an den paar schönen Dingen
Uns freuen und ihnen Lieder singen.

Nasser Dezembergarten

Verwildert sieht nun der Garten aus,
Und die Wege darin
Sind voll schlammiger Pfützen,
Wie von Kühen zertreten
Der schlüpfrige Berghang.

Käm ein Reh jetzt mit zögerndem Gang
Vom Walde herüber:
Keiner wär, der den Bogen spannte,
Um es zu schießen –
Wie Schützen zwar stehen in Reih und Glied
Die Bäume, doch kennen
Die Jagdlust sie nicht!

Die Wasser rinnen. Die Beete
Sind öde und blumenleer.
Es gibt noch schwarze Spinnen,
Keine goldenen Bienen mehr.

Der Regen redet zum nassen Haus,
Das aber schweigt still –
Nur die Windfahne dreht sich so hin und her,
Wies der Wind will.

JOHANNES ROTH

Was macht der Gärtner im Winter

Der Winter ist des Gärtners schönste Zeit. Draußen knackt
der Frost. Drinnen knackt es im Kamin. Es duftet auch. Ein
Arm voll getrockneter Lavendelrispen ist dem Feuer übergeben
worden. Und Nigel Rogers füllt den Raum mit florentinischen
Liebesliedern. Er singt von einem Feuer anderer Art, das ihm
ein Mädchen entzündet hat, so daß er nun glüht wie ein Vulkan:
Ah, ch'io vengo un Mongibello. Während Cembalo, Gambe und
Violine seinem brennenden Herzen den musikalischen Sauerstoff
zuführen, schaut der mitfühlende Gärtner durch die Scheibe
hinaus in die kalte Natur: Baum und Strauch stehen starr im Reif,
aber Amseln streiten hitzig um Haferflocken, die gar nicht für
sie gedacht sind, Meisen, Finken knacken Sonnenblumenkerne,
Spatzen schwirren. Ein Dompfaff dazwischen. Ein Dompfaff?
Plötzlich ist es am Gärtner, starr hinterm Fenster zu verharren,
obwohl die Schöne, damigella tutta bella, dem Sänger gerade
neue Gluten entfacht: Vom unteren Garten her nähert sich der
Fasan samt seinen vier Damen zögernden Schritts dem über-
dachten Futterplatz.

Der Winter ist des Gärtners schönste Zeit. Wochenlang kann er sich aufs Zuschauen beschränken. Er ist zum Nichtstun verurteilt. Nicht einmal über den gefrorenen Rasen darf er laufen, das schadet den Gräsern. Er geht bloß zweimal die Woche über die Trittsteine am Bach entlang zum Kompostplatz, bringt die Küchenabfälle unter. Er gräbt sie ein, deckt mit Laub und Reisig ab, damit Kaffeefilter und Orangenschalen nicht von Elstern und anderen Rabenvögeln in der Nachbarschaft verteilt werden. Auf dem Rückweg zum Haus sieht er nach den Wühlmausfallen. Leer. Doch daneben ein frisch aufgeworfener Erdhaufen. Und noch einer. Nur nicht ärgern. Bald, wenn die Wolfsmilch wieder wächst und die Kaiserkrone blüht, bald geht es der Wühlmaus an den Pelz.

Der Winter ist des Gärtners schönste Zeit. Vergessen ist der grausame Sommer mit den Arbeitswochenenden, den Fünfzehn-Stunden-Tagen, an denen der Gartenbesitzer nach dem Säubern und Aufräumen der lehmverschmierten Gerätschaften gegen Mitternacht noch einmal steifbeinig hinaustappte ins frischgeschorene Rasengelände und den Sprenger nun nicht mehr versetzte, sondern abschaltete, hernach mit weichen Knien kaum noch den Weg aus der Dusche ins Bett gefunden hat.

Was ist der Winter für eine angenehme Zeit! Zeit der Ruhe, Zeit zum Bedenken. Das Rotkehlchen hilft mit. Es ist immer dabei. Erst schnickert es unsichtbar in ferneren Gehölzen. Dann kommt es näher, umkreist den Gartenbegeher. Äugt und wippt. Aus

Neugier oder Sorge? Wer weiß es. Gewiß ist nur, sagt der Ornithologe, daß diese Rotbrust ein Männchen ist; die Weibchen und die Jungen fliehen vor dem Frost nach Süden. (Nein, sagt ein anderer. Falsch. Manche fliegen weg, manche bleiben, ob Männchen oder Weibchen.) Der dicke Gärtner und der kleine Vogel allein in der Winterstille. Der Vogel fliegt eilends hin und her. Auch der Gärtner ist voll geheimer Unruhe.

Anderntags steht er wieder am Fenster und schaut hinaus. Hinaus ins Offene, Durchsichtige, Aufgeräumte oder auf das vom Schnee gnädig Zugedeckte. Er schaut und ist zufrieden. Da und dort könnte es, genau besehen, besser sein. So manches muß anders werden. Der Pantoffelgärtner sieht Arbeit. Gleich fürs Frühjahr. Das freut ihn. Verdrießen könnten ihn die lästigen Amseln, weil sie noch unter dem Deckreisig hervor das schützende Laub auf den Rasen zerren. Sängen sie nicht bald wieder so hinreißend, morgens um fünf und abends um neun, man müßte sie alle erschießen, die Amseln. Knurrend zieht er die Schuhe an, weil er nicht länger zusehen kann, wie sie am Teich, der sich als ein Bach durch den Garten zieht, vergebens das Wasser suchend übers Gefrorene rutschen. Also den Pickel aus dem Keller holen, Trinkplätze und Badestellen ins Eis stoßen. Es lohnt die Mühe. Bis zum Bauch stehen die ungeliebten Schwarzröcke dann am seichten Rand im Geröll, tauchend, flügelschlagend, spritzend. Eine Schar Stare fällt ein. Das ist erst ein Schauspiel! Stare, wenn sie baden, das sind Wasserwerfer, Spritzbrunnenaufdreher, Fontänenmeister. Ein Südfenster gehört freilich dazu, und ein Gegenlicht.

Der Winter ist des Gärtners schönste Zeit. Wann sonst sieht er so klar, wie stattlich der Bambus steht? Auch das Chinarohrgras, das zierliche, aber schon ebenso hohe. Im Sommer schießen die Halme ins Kraut, alles schießt da ins Kraut und verschwindet hinter seiner Lebenskraft. Jetzt haben die mannshohen, weich überhängenden Stengel von Fargesia murielae ein Drittel ihrer Blätter verloren, jetzt, vor dem schrägen Licht, beleben sie bizarr belaubt die grau und weiße Leere. Ganz anders, drei Meter hoch, aber nicht weniger schön, die trocken raschelnden Fahnen des großen Chinaschilfs, Miscanthus japonicus, am Wasserfaß. Pflanzenschönheit für ein Wintergedicht.

Der Gärtner ist kein Dichter, sondern Täter. Er setzt die Mütze
auf, packt Handschuhe, Säge und Scheren, taucht den Pinsel
in die Büchse mit dem Baumwundmittel, marschiert ins Freie,
obwohl die schwache Sonne von blauweißen Wolkenwalzen
weggeschoben wird, die einen wirbelnden, doch fast folgenlosen
Schneeschauer von Nordwesten übers Haus werfen – er kann
nicht länger warten. Ein Taschenbuch aus dem Ulmer-Verlag
ist ihm in die Hand gekommen: »Der Winterschnitt von Obst-
und Ziergehölzen«, von Günter Pardatscher. Gewiß, er besitzt
dickere Bücher zum Thema, aber dieses hat er gelesen. Und Herr
Pardatscher hat ihn auf Trab gebracht. Nicht nur der Hibiskus
wartet aufs verjüngende Auslichten. Der ganze Garten wartet.
Der Winter, gottlob, ist bald vorbei.

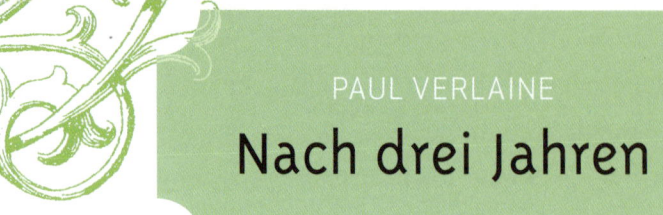

Nach drei Jahren

Ich stieß die schmale Türe auf, die wankt und greint,
ich wollt den alten, kleinen Garten wieder fühlen,
in dem betaute Blumen auf den niedern Bühlen
auf Morgensonne warten, die sie früh bescheint.

Es ist noch immer alles, wie ich es gemeint:
die Geißblattlaube mit den alten Eisenstühlen …
und die Fontäne mit dem Silberstrahl, dem kühlen,
die alte Espe, welche endlos bebt und weint.

Ich kenn die Rosen alle, die wie einst sich biegen,
die großen, stolzen Lilien, die im Wind sich wiegen,
und jeder Lerche reger Flug ist mir bekannt.

Ich fand sogar noch dort die Statue der Veleda,
nur etwas mehr als eh verwittert, ganz am Rand
des Laubengangs, sehr schlank, umduftet von Reseda.

HUGO VON HOFMANNSTHAL

Mein Garten

Schön ist mein Garten mit den goldnen Bäumen,
Den Blättern, die mit Silbersäuseln zittern,
Dem Diamantentau, den Wappengittern,
Dem Klang des Gong, bei dem die Löwen träumen,

Die ehernen, und den Topasmäandern
Und der Volière, wo die Reiher blinken,
Die niemals aus dem Silberbrunnen trinken …
So schön, ich sehn mich kaum nach jenem andern,

Dem andern Garten, wo ich früher war.
Ich weiß nicht wo … Ich rieche nur den Tau,
Den Tau, der früh an meinen Haaren hing,

Den Duft der Erde weiß ich, feucht und lau,
Wenn ich die weichen Beeren suchen ging …
In jenem Garten, wo ich früher war …

JULES RENARD

Im Garten

Der Spaten: – Fac et spera.
Der Karst: – Tu' ich auch.

Die Blumen: – Wird wohl heut die Sonne scheinen?
Die Sonnenblume: – Gewiß, wenn ich will.
Die Gießkanne: – Aber wenn ich will, wird's regnen, und wenn ich meine Brause abnehme sogar in Strömen.

Der Rosenstock: – Oh! Dieser Wind!
Der Pfahl: – Ich bin ja da.

Die Himbeere: – Warum haben eigentlich die Rosen Dornen? Rosen werden ja nicht gegessen.
Der Teichkarpfen: – Richtig bemerkt! Weil ich gegessen werde, steche ich, mit meinen Gräten.
Die Distel: Ja, aber zu spät.

Die Rose: – Findest du mich schön?

Die Hummel: – Man müßte auch dein Inneres kennen.

Die Rose: – Komm herein.

Die Biene: – Nur Mut! Alle sagen mir, wie fleißig und tüchtig ich sei. Am Monatsende werde ich gewiss zum Rayonchef befördert.

Die Zwiebel: – Puh, wie es hier stinkt!

Der Knoblauch: – Ich wette, es ist wieder die Nelke!

Der Spargel: – Mein kleiner Finger sagt mir alles.

Die Kartoffel: – Ich glaube, ich habe soeben Junge geworfen.

Der Apfelbaum zum benachbarten Birnbaum: – Tu dich nicht so mit deiner weichen Birne!

JOHANN WOLFGANG VON GOETHE

Sprich, wie werd' ich die Sperlinge los …

Sprich, wie werd' ich die Sperlinge los? so sagte der Gärtner,
Und die Raupen dazu, ferner das Käfergeschlecht,
Maulwurf, Erdfloh, Wespe, die Würmer, das Teufelsgezüchte? –
»Laß sie nur alle, so frißt einer den anderen auf.«

BERTOLT BRECHT

Der Blumengarten

Am See, tief zwischen Tann und Silberpappel
Beschirmt von Mauer und Gesträuch ein Garten
So weise angelegt mit monatlichen Blumen
Daß er vom März bis zum Oktober blüht.

Hier in der Früh, nicht allzu häufig, sitz ich
Und wünsche mir, auch ich mög allezeit
In den verschiedenen Wettern, guten, schlechten
Dies oder jenes Angenehme zeigen.

Ein Laubengelände

Ein
von vier
schrägen, lehmgelblichgrau, rinselrissig,
ziegelbrockendurchmengt, schuttigen,
spärlich unkrautbüschelübergrünten Straßenböschungen
geradlinig gerahmtes,
bis
auf den Millimeter
aufgeteiltes,
rechteckig wegedurchschnittenes, wirrbunt tiefgelegenes,
lustig,
glanzpapieren, leinewandlappig
fähnchenwimpelndes Laubengelände
mit
vielen kleinen,
schmalen,
morgenlichtüberströmten Gartenparzellchen
voller
Georginen, Sonnenblumen, Stockrosen, Kaktusdahlien,
Gurken, Tomaten,
Kürbisse,
Feuerbohnen und Schnittlauch.

Noch
blitzt der Tau.

Über den nahen Häuserhorizont ragen Türme.

In
das monotone Geräusch der Neubauten,
schrillspitz, klangtief,
aufheulig, verrollend, surrselsummselig,
ab und zu
pfeifen Fabriken, schlagen Glocken an,
saust
fern die Elektrische.

Auf einer Hopfenstange sitzt ein Spatz.

Behaglich über einen alten Drahtzaun gelehnt,
der
leicht unter mir schaukelt,
sehe ich
verloren … lächelnd … kopfnickend
zu
wie über einem buntblauen Asternbeet, tändelnd, in der
letzten Septemberwärme
zwei
Kohlweißlinge taumeln!

Heute Nacht hat es sehr geregnet

Heute Nacht hat es sehr geregnet, jetzt scheint die Sonne wieder, und vor meinem Fenster ist ein Paradies. Der Mandelbaum ist ganz grün, die Pfirsichblüten fangen schon an abzufallen, und die Zitronenblüten brechen auf dem Gipfel des Baumes auf.

Vorbitte wegen eines Nußbaums an Palemon (Zu Magdeburg den 18ten des Herbstmonats 1761)

ANNA LOUISA KARSCH

Erheitre nicht des Garten-Hauses Wände,
Und fälle nicht, um einer Handbreit Raum,
Durch Eisen und durch zwey gedungne Hände,
Den schattigten Baum.

Selbst der Prophet, der Ninivens Verderben
Hartnäckig foderte, ganz Menschenfeind,
Hat einst, gerührt von einer Pflanze Sterben,
Den Kürbis beweint.

Und du, ganz Menschenfreund, du willst die Hiebe
Im hohen Baum? auf dessen Zweigen oft
Ein Vogel singt, der lockend, seiner Liebe
Befriedigung hofft?

Das willst du nicht. Denn wann auf weichem Sitze
Du wie ein Fürst, in selbst geschaffner Ruh
Dich hier verbirgst, dann decket vor der Hitze
Sein Schatten dich zu.

Er ist ein Herzog im Bezirk des Gartens.
Die Pyramiden-Bäume wuchsen nur
So durch die Kunst. Er spottete des Wartens,
Ihn zog die Natur!

O welch ein Leib! mit was für starken Gliedern
Versah sie ihn! So stand in Priams Stadt
Einst Hector unter allen seinen Brüdern,
Von Kampfe nicht matt.

Dein Baum, der Held, steht, wann der Frost dem Leben
Des Weinstocks und des Pfirsich-Baumes droht,
Dann steht er von Pomonens Schutz umgeben,
Nicht fürchtend den Tod.

Mit andern Trauben als der Weinstock träget
Prangt er im Herbst; und liefert seinem Herrn
Indem ein Holz ihn unbarmherzig schläget
Den lieblichen Kern,

Gewachsen in dem Umfang harter Schalen.
So liegt im schlechten Cörper oft versteckt
Ein Herz, nicht mit dem Glanze zu bezahlen
Der Mißgunst erweckt.

So hart wie sie, soll gegen fremde Lüste
Dein Mädchen seyn, für dich allein nur schön.
Weyh ihr den Baum, und sag einst: du Geküßte!
Dir ließ ich ihn stehn!

RAINER MARIA RILKE

Schon, horch, hörst du der ersten Harken

Schon, horch, hörst du der ersten Harken
Arbeit; wieder den menschlichen Takt
in der verhaltenen Stille der starken
Vorfrühlingserde. Unabgeschmackt

scheint dir das Kommende. Jenes so oft
dir schon Gekommene scheint dir zu kommen
wieder wie Neues. Immer erhofft,
nahmst du es niemals. Es hat dich genommen.

Selbst die Blätter durchwinterter Eichen
scheinen im Abend ein künftiges Braun.
Manchmal geben sich Lüfte ein Zeichen.

Schwarz sind die Sträucher. Doch Haufen von Dünger
lagern als satteres Schwarz in den Aun.
Jede Stunde, die hingeht, wird jünger.

HEINRICH HEINE
Neuer Frühling

Unterm weißen Baume sitzend,
Hörst du fern die Winde schrillen,
Siehst, wie oben stumme Wolken
Sich in Nebeldecken hüllen;
Siehst, wie unten ausgestorben
Wald und Flur, wie kahl geschoren; –
Um dich Winter, in dir Winter,
Und dein Herz ist eingefroren.
Plötzlich fallen auf dich nieder
Weiße Flocken, und verdrossen
Meinst du schon, mit Schneegestöber
Hab der Baum dich übergossen.
Doch es ist kein Schneegestöber,
Merkst es bald mit freudgem Schrecken;
Duftge Frühlingsblüten sind es,
Die dich necken und bedecken.
Welch ein schauersüßer Zauber!
Winter wandelt sich in Maie,
Schnee verwandelt sich in Blüten,
Und dein Herz es liebt aufs neue.

BARTHOLD HEINRICH BROCKES
Abschied vom Garten

Mein Gott! du hast auf dieser Welt
Mir so viel herrliches geschencket,
Daß, wenn mein Geist es überdencket,
Er aller Gaben sich so gar nicht würdig hält.
Es lallet mein gerührter Sinn,
Voll Danck und Andacht: *»Herr! ich bin*
Nicht würdig der Barmhertzigkeit,
Nicht würdig aller Treu' und Güte,
Die du an mir erzeigt die gantze Lebens-Zeit!«
So sprach ich jüngst, mit fröhlichem Gemüthe,
Als ich in meinem Garten gieng,
Und dessen Schmuck und Lag' an zu betrachten fieng.

Daß alles hier so lieblich grünet,
Daß alles uns zur Anmuth dienet,
Davor muß ich, Herr! dir allein,
In froher Demuth, danckbar seyn.
Daß du mir alles wollen gönnen,
Zumahlen des Verstandes Kraft,
Daß ich es zierlich ordnen können,
Und so viel Witz und Wissenschaft,
Es so gefällig einzurichten,
Davor erfordern meine Pflichten,
In froher Ehrfurcht, dir allein
Zu Ehren, froh und fromm zu seyn.

Herr, von aller dieser Schönheit, von der Farben Harmonie,
Von dem schönen Licht und Schatten,
Von der Blätter-reichen Gänge Länge, Meng' und Symmetrie,
Die, in fröhlichem Verband, alle hier sich lieblich gatten,
Ja wodurch, in Pracht und Ordnung, alles sich einander
schmückt,
So, daß nicht leicht sonder Anmuth es ein fremdes Aug' erblickt,
Bin ich billig gantz erstaunt: sonderlich wenn ich mich lencke,
Und, woher es eigentlich seinen Ursprung hat? bedencke.

Du selber hast dieß schöne Stück der Welt,

Das allen, die es sehn, gefällt,

Durch meine Hand, o Gott, gezieret.

Weswegen auch nur dir allein,

(Da nichts von allem diesem mein,

Natur so wohl, als Kunst und Wissenschaften dein,

Als die uns bloß von dir geschencket seyn)

Lob, Ehre, Preis und Danck gebühret.

Muß ich nun gleich den schönen Ort,

Nach deinen Führungen, hinfort,

Und zwar auf lange Zeit, verlassen;

So such' ich mich, mit diesem Trost, hiebey,

Daß es, wills Gott, doch nicht vor immer sey;

In dem Verlust zu fassen.

Wie leicht lässt es der Schöpfer doch geschehn,

Daß ich ihn fröhlich wieder sehn,

Und sein aufs neu' geniessen kann.
Ich fleh' ihn auch, wenn es sein Gnaden-Wille,
Darum hiemit, in Demuth, an.
Will Gott es aber nicht; wohlan,
So halt' ich ihm, nach meinen Pflichten, stille,
Da Gottes Wahl auch billig meine Wahl,
Und seh' des Gartens Pracht, mit seiner Anmuth Fülle,
Gelassen denn hiemit zum letzten mahl.
Mir fällt jedoch hiebey ein Wunsch, in Schwachheit, ein,
Den, wo er dir mißfällt, du gnädig wirst verzeih'n;
Es presst die Eigen-Liebe mir
Den Seufzer aus: »Ach, Herr! gefiel' es dir,
Daß wenigstens doch dieser Garten hier
Bey meinem künftigen Geschlechte,
Vergnügt und wohl gebraucht, verbleiben möchte!«

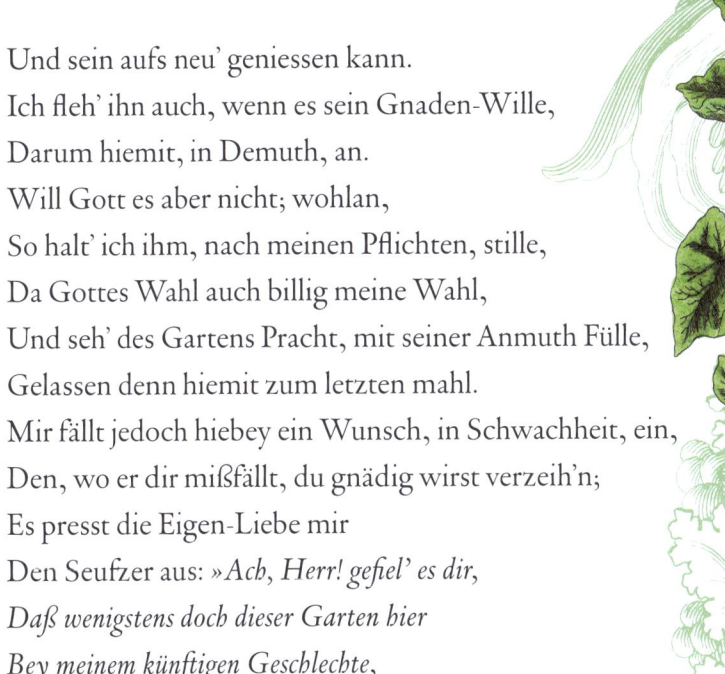

TEXTNACHWEIS

S. 10: aus: Rudolf Otto Wiemer, Der Augenblick ist noch nicht vorüber, Kreuz Verlag, Stuttgart 2001 © Rudolf Otto Wiemer Erben, Hildesheim;

S. 12: © Julia Kospach, Das Gartenspiel;

S. 15: Marie Luise Kaschnitz: Gedichte © 1947 Claassen Verlag;

S. 17, 144: aus: Georg Britting, Sämtliche Werke in 23 Bänden © Georg-Britting-Stiftung, Höhenmoos;

S. 18, 126: "Vom Sprengen des Gartens", "Frühling", aus: Bertolt Brecht, Werke. Große kommentierte Berliner und Frankfurter Ausgabe, Band 15: Gedichte 5. © Bertolt-Brecht-Erben / Suhrkamp Verlag 1993;

S. 19: Textauszug aus: Elizabeth von Arnim, Elizabeth und ihr Garten. Aus dem Englischen von Adelheid Dormagen. © der deutschen Übersetzung beim Insel Verlag Frankfurt am Main 1987;

S. 22, 143: "Gärtner träumt", "Spätsommer", aus: Hermann Hesse, Sämtliche Werke in 20 Bänden. Herausgegeben von Volker Michels. Band 10: Die Gedichte. © Suhrkamp Verlag Frankfurt am Main 2002. Alle Rechte bei und vorbehalten durch Suhrkamp Verlag Berlin;

S. 24: Peter Würth: Gärtnern © 1997 Deutscher Taschenbuchverlag GmbH & Co. KG, München;

S. 30, 114: aus: Karl Foerster, Ferien vom Ach © 2010, Eugen Ulmer Verlag KG, Stuttgart;

S. 70: Sarah Kirsch, Sämtliche Gedichte © 2005, Deutsche Verlags-Anstalt, München, in der Verlagsgruppe Random House GmbH;

S. 76: Peter Horst Neumann, Als sie nach einer Sommerreise ihren Garten wiedersah © Rimbaud Verlagsgesellschaft mbH, Aachen;

S. 78: Textauszug aus: Christa Wolf, Die Lust, gekannt zu sein. Erzählungen 1960–1980. © Suhrkamp Verlag Frankfurt am Main 2007. Alle Rechte bei und vorbehalten durch Suhrkamp Verlag Berlin;

S. 106: © Fritz Deppert;

S. 138: "Sommerregen", aus: Karel Čapek, Das Jahr des Gärtners. Aus dem Tschechischen von Grete Ebner-Eschenhayn. © der deutschen Übersetzung Insel Verlag Frankfurt am Main und Leipzig 1956;

S. 145: "Was macht der Gärtner im Winter", aus: Johannes Roth, Gartenlust. Fünfzig Blumenstücke und Anleitungen zur gärtnerischen Kurzweil. © Insel Verlag Frankfurt am Main und Leipzig 1992. Alle Rechte bei und vorbehalten durch Insel Verlag Berlin;

S. 155: "Der Blumengarten", aus: Bertolt Brecht, Werke. Große kommentierte Berliner und Frankfurter Ausgabe, Band 12: Gedichte 2. © Bertolt-Brecht-Erben / Suhrkamp Verlag 1988.